介護福祉士とんこちゃんの特養生活日誌

とんこ
アン

介護福祉士とんこちゃん特養生活日誌 目次

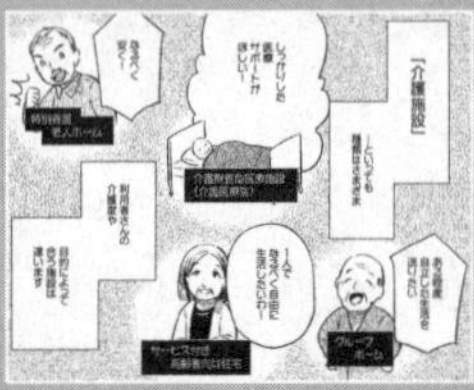

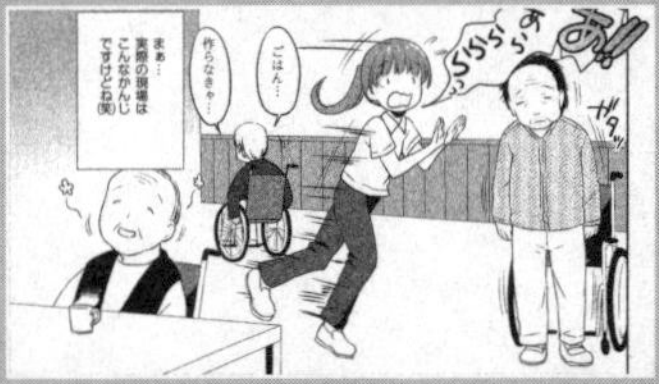

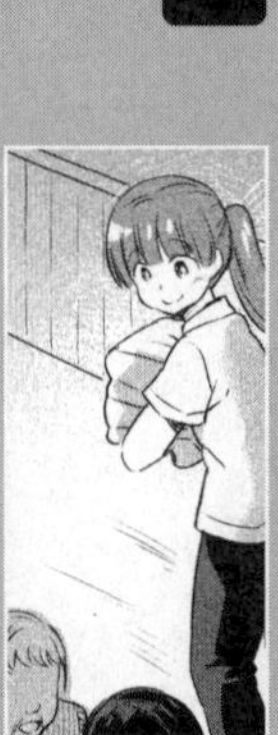

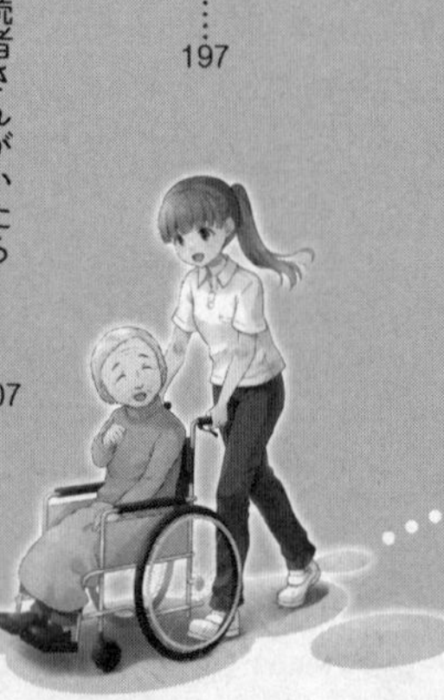

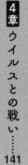

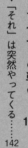

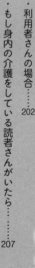

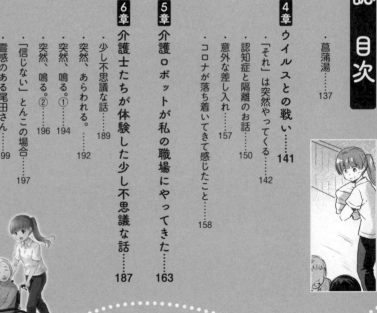

1章 特養の利用者さんたち

介護福祉士 とんこちゃんの特養生活日誌

初めまして、「とんこ」と申します！
介護施設での出来事や個人的に体験したことを形にしたいと思い、こうして本にしてみました。
少しでも介護のことを知ってもらえたら嬉しいです。

〈わたくし、とんこについて〉

私は特養（特別養護老人ホーム）で働いています。新人でもなければ超ベテランでもない、ごく普通の介護士です。
介護系の学校を卒業してから施設で働いています。

〈介護士と介護福祉士について〉

「介護士」とは介護の仕事をしている人全体をあらわす一般的な呼び方です。
「介護福祉士」とは介護の資格の1つで、私はその資格を持っています。

プロローグ
○×△☆※っ！
うまいなー！
ばくばく
むしゃむしゃ
ぷはぁー
カラン
じー
食べますか？
あ！
高村さん！
それはお隣の人のご飯ですよ！
なんでぇー？
#☆@○♪＊%△！
今日も私とんこは
特養で働いています

ここは特別養護老人ホーム
通称・特養
田中さん
お魚食べましょうか
……
むーん
ねぇこれあけて?
はーい
介護施設のひとつです
ヤクルト
「介護施設」
…といっても種類はさまざま
しっかりした医療サポートがほしい!
なるべく安く!
特別養護老人ホーム
介護療養型医療施設(介護医療院)
ある程度自立した生活を送りたい
1人でなるべく自由に生活したいわー
利用者さんの介護度や
目的によって合う施設は違います
グループホーム
サービス付き高齢者向け住宅

介護施設では
たとえば食事や歯磨き
入れ歯出しましょうか
入浴
かゆいところないですか～？
大丈夫よー
ぼぉ～
自由時間など
利用者さんが
消灯しますね おやすみなさーい
決められたスケジュールで過ごします
私の施設は特養ですが
なかでも「従来型」と呼ばれるところ
特養
従来型
大人数
ユニット型
少人数
うちはこっち!

1フロアに
利用者さんは
50人ほど…
利用者さん
その人たちを
職員5~6人で
介助します
職員
私たちは
仕事でしか
ここにいないけど…
はいっ
はいっ
あーん
むぐ むぐ
利用者さんたちは
この生活…
どう思ってるん
だろう?

特別養護老人ホーム(特養)について

特養とは生活全般の介護を提供する施設で、「食事や入浴が1人ではできず、在宅での生活が難しい」といった人に向けてつくられた公的な施設です。
特養では看取り対応もできるので重度の要介護状態になっても住み続けられることも特徴です。
また夜間も職員がいるため安心して過ごすことができます。

特養には2つのタイプがある

特養の中には「ユニット型特養」と「従来型特養」があります。
ユニット型特養は新しいケアスタイルの特養で「新型特養」とも呼ばれています。

従来型特養

・1フロアに40〜50人の入居者が生活している。
・基本的にみんな同じ生活リズムで過ごす。
・部屋は多床室(4人部屋)がほとんど。
・どこに行っても誰かしら人がいるため孤独を感じることはない。
・いろいろな人がいるので自分に合った友達ができる。
・利用料が安い。

ベストフレンド!

ユニット型特養

・10人程度の少人数をグループごとに介護する。
・部屋は個室。
・共有のリビングスペースを取り囲む形で居室が配置されているため、他の入居者と交流しやすく、孤立を防ぐことができる。
・ユニットごとに職員が固定で配置されているため、入居者にとって安心感がある。
・個室のため賃料が高く、光熱費などの負担も大きい。

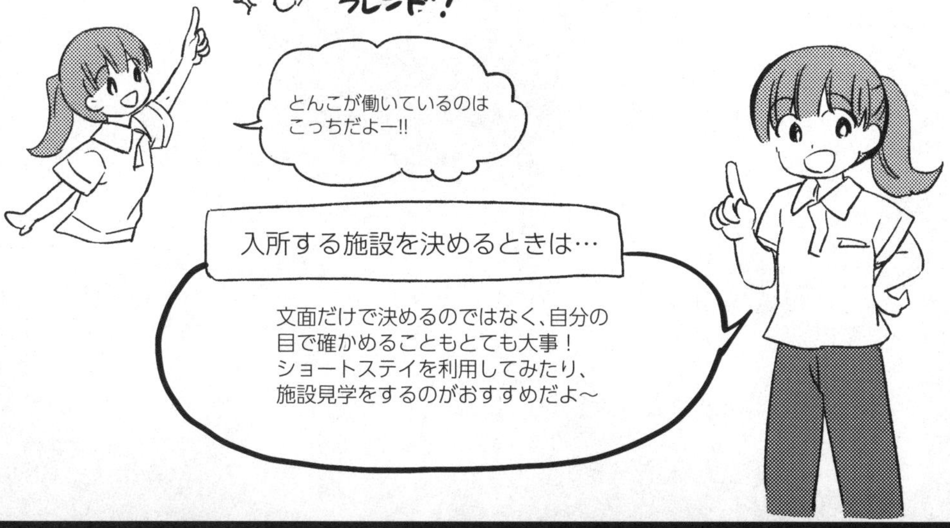
とんこが働いているのはこっちだよー!!
入所する施設を決めるときは…
文面だけで決めるのではなく、自分の目で確かめることもとても大事!ショートステイを利用してみたり、施設見学をするのがおすすめだよ〜

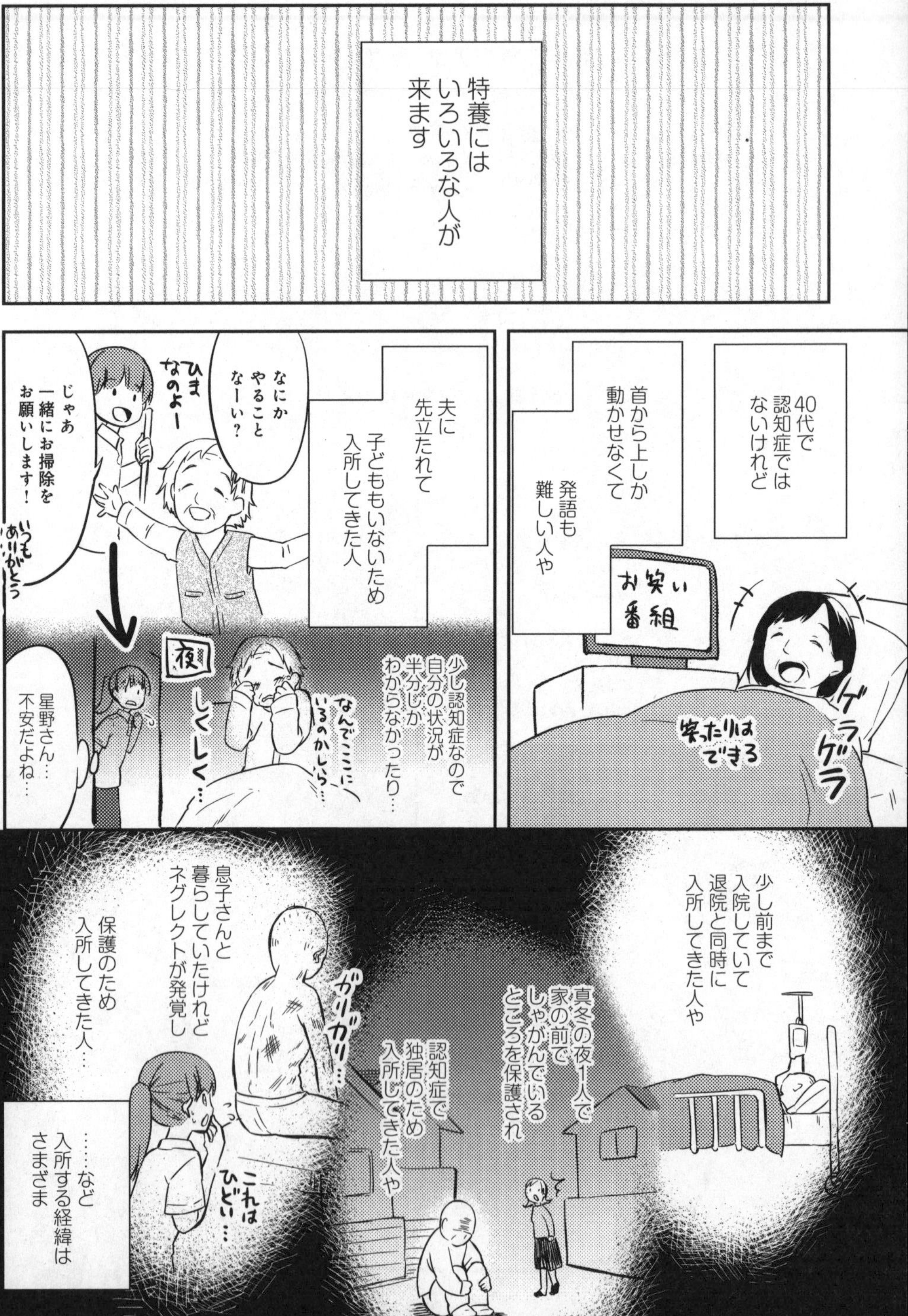
特養には
いろいろな人が
来ます
40代で
認知症では
ないけれど
首から上しか
動かせなくて
発語も
難しい人や
お笑い
番組
ゲラゲラ
笑ったりは
できる
夫に
先立たれて
子どももいないため
入所してきた人
なにか
やること
なーい?
ひま
なのよー
じゃあ
一緒にお掃除を
お願いします!
いつも
ありがとう
ございますー
夜
少し認知症なので
自分の状況が
半分しか
わからなかったり…
なんでここに
いるのかしら…
しくしく…
星野さん…
不安だよね…
少し前まで
入院していて
退院と同時に
入所してきた人や
真冬の夜1人で
家の前で
しゃがんでいる
ところを保護され
認知症で
独居のため
入所してきた人や
息子さんと
暮らしていたけれど
ネグレクトが発覚し
保護のため
入所してきた人…
ガリガリ…
これは
ひどい…
……など
入所する経緯は
さまざま

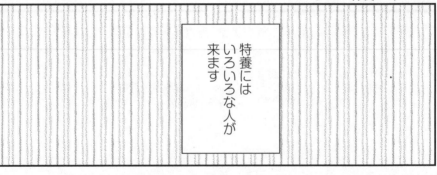

このように突発で入所する人は※ショートステイが多いです
【ショートステイ】数日〜1ケ月ぐらいの短期入所
一方…
本入所(長期入所)は会議で決めます
本入所待機者リスト
では次の入所者ですが…
空いた◎号室は女性部屋なので…
入所判定会議
利用待機者が多いため何年も前から入所希望をしていても入れないこともあります
とんこちゃーん
このあと雨降るみたいよ〜
中山さん 83歳
傘あったほうがいいってニュースでやってたわ〜
教えてくれてありがとうございます
お疲れさまでしたー
ザー…
ザァアアアアアアア…
ほんとだ降ってる!
テレビの内容ちゃんと覚えてるんだな…
すごいなぁ

中山さんは
認知症では
あるけれど
症状が出るのは
まれ
やらなくちゃ…
ブツ
ブツブツ…
準備
しないと…
にこ
にこ
いつもは
おっとりしていて
穏やか
よく周りを
見ていて
あらー
こぼし
ちゃったの?
まってね
他の人のことも
気にかけて
トイレ
お先
どうぞー
自分より
周りを
優先する
ような人
普通なら
認知症で
感情失禁が
出やすくなったり
なんだー!
このやろうー
【感情失禁】
些細なことで
過度に泣いたり
怒ったりすること
うえーん
自分のことで
いっぱいいっぱいで
周りが見えなく
なったり
誕生日会?~
そんなの
出ないよ…
他人と関わらなくなる
人もいます

そんな中
中山さんのような人は
珍しいのです
中山さんは
なんで特養に
来たんだろう?
先輩ー
ワーカー室
中山さんって
特養以外の
入所先は
考えてなかったん
ですかね?
なんで?
いえ、
少し
気になって…
たとえば
グループホーム
とかは…
いや、
実は…
もともと
そこにいたんだよ
!

「グループホーム」(通称・GH)
グループホームあか
高齢者が少人数で暮らすところ
特養とはちがって
それぞれ利用者自身が
ごはんを作ったり
献立を考えたり
献立表
掃除や洗濯も
家事や作業を行います
1人で生活するのが難しい人も
みんなで協力することで
チームプレーなら
いける!!
生活を成り立たせています
作業をすることで認知症の進行を遅らせる効果もあるようです

特養よりも
「自立支援」がメイン
中山さんも前はそこで暮らしていたんだよ
最初は良かったみたいだけど…
みんなとの生活ペースに
だんだん追いつけなくなって…
そのうち体調をくずしてね
長期入院して
退去することになって…
それでこっちに来たんだよ
……

そんなことがあったのか…
知らなかったな…
わーーん!!
うわーーんっ
!!
どうされ…
どうしたのー?
すす…
どこか痛いの?
大丈夫?
えーんっ
中山さん…!
なんで私…
ここにいるの…?
ぽんっ

大丈夫！
みんながいるから安心して
にこっ
とんこさーん ちょっと こっち 手伝ってー
はーい！
ちらっ
2人とも どうなったかな？
きゃっ
きゃっ
きゃっ
ぐふっ
ぐふっ
よかった… 落ち着いたんだ…
みんなと関わっている中山さんは
楽しそう

中山さんらしく生活できているように見えます
とんこちゃーん
あと少しでお仕事終わりよー
がんばってー
や…
やさしい…
じーん…
中山さんは
ここに来れてよかったのかもなぁ…
っていうかなんで知ってるの!? 私の勤務時間!
ふふー
ニコニコ
おわり

老人ホームや介護施設の種類について

老人ホームや介護施設にはいろいろな種類があり、それぞれサービス内容も異なります。「介護施設」とは介護をするための施設全般のことを言い、「老人ホーム」とは高齢者向けに住まいを提供する施設のことを言います。
また、高齢者向けの施設には「公的施設」と「民間施設」があり、国や地方自治体といった公的団体が運営しているのが「公的施設」で、民間の企業が運営しているのが「民間施設」です。

公的施設

特別養護老人ホーム（特養）

常時介護を必要とし、在宅での生活が困難な高齢者に対して、生活全般の介護を提供する施設。入所条件は原則65歳以上で要介護3以上の人。平均の介護度が高く、寝たきりの方も多く生活している。初期費用は0円で月額6～15万円ぐらいかかる。

介護老人保健施設（老健）

入所条件は65歳以上で要介護1以上の人。病気や怪我で入院し、すぐに自宅に戻ることが困難な方が入所対象。在宅復帰を目指す施設。初期費用は0円で月額9～20万円ぐらいかかる。

介護医療院

入所条件は要介護1以上で、医療ケアと介護サービスの両方を必要とする人が対象。日常生活を送るための支援にも力を入れた施設。
初期費用は0円で月額10～20万円ぐらいかかる。

民間施設

介護付き有料老人ホーム

入所条件や強みとしている部分、サービス内容は施設によって異なる。
初期費用は0～数千万円で月額15～35万円ぐらいかかる。

グループホーム（GH）

認知症の高齢者を対象に9人以下のグループで共同生活を送るための施設。「認知症対応型共同生活介護施設」とも呼ばれ、スタッフの支援を受けながら自立した生活を目指す。
自宅に近い環境で生活をして認知症の進行を緩やかにするのが目的。初期費用は0～数百万円で月額15～30万円ぐらいかかる。

サービス付き高齢者向け住宅（サ高住）

「一般型」と「介護型」がある。
「一般型」は自立している人や軽い介護度の人に適している。食事や入浴の時間が決まっていないことが多いため、自宅に近い自由度の高い暮らしを楽しむことができる。
一般的に賃貸物件と同様の賃貸借契約となっている。
初期費用は0～数十万円で月額10～30万円ぐらいかかる。

公的施設は利用料金が低額!
だけど人気があるから入所までに時間がかかる…
民間施設は比較的スムーズに入所できるけど公的施設よりも利用料金が高額…
どちらもメリットデメリットがあるからよーく考えよう！
お金は大事だよ！

いろいろな目的があるんだなぁ

ちなみによく耳にする「デイサービス」とは…？

デイサービスとは高齢者が日帰りで施設などに通い、生活支援を受けるサービス。定期的な外出の機会を持つことで引きこもりを防止し、いろいろな人との交流や心身機能の維持を図ることを目的としています。
またご家族の身体的負担や精神的負担を軽減して、在宅生活の安定につなげるという意味合いも持っています。

＊1章扉絵の裏話「栄養補助食品」＊

1章の扉絵でとんこが持っていたものは全て栄養補助食品です。
これらは高齢者施設でも使われていて、ご飯があまり食べられない人や
栄養が足りていない人などが摂取するものです。
基本的に医師と栄養士の指示により利用者に提供されます。

メイバランス

1日3本を目安に
飲んでね♪

味の種類

・コーヒー
・ストロベリー
・バナナ
・ヨーグルト
・キャラメル
・ぶどう

など

(ドリンクタイプ)

ストロー付だから
手軽に飲みやすい！

(アイスタイプ

おやつ感覚で食べられる
のに栄養がしっかり入って
いるのが嬉しいところ！
味は濃厚で美味しい！
1日2個を目安に食べてね♪

(ゼリータイプ)

エンシュア

現在は、
「エンシュア・リキッド」より
「エンシュア・H」の方が主流

ジュースみたいな飲み物で
開けた瞬間ふわっと優しい甘い香りが
漂うよ！
量が多いから何回かに分けて
少しずつ飲むのがおすすめ！

※エンシュアは医師の処方が必要な
医薬品です。

人脈を広げるための飲み会
よろしく
はじめまして
どこで働いてるんですかー？
（…という名の合コン）に参加をしたときのこと
ねえねえ 仕事は何してるの？
介護士です
全力でおめかししてきた
へぇー 介護士！めずらしいね！
ニコッ
そうですか？

介護士って夜勤があるんでしょ？
しょっちゅうオムツ替えたりするの？
年寄りばっかり相手するのって大変そうだよね
え……
そんな仕事をすすんでやってるなんてえらいねー
ゴスッ
イラ イラ イラッ
いやいや！えらくないですって!!
利用者さんたち見てるとほっこりするし！楽しいですよー
へぇー！
保育士してるんだ！どうりで家庭的に見えると思った！
えーそうですか？
………
職業を言うとなぜだかウケが悪い

特別養護老人ホー
私は 特別養護老人ホーム (通称・特養)で 働いています
人にそのことを 言うと ほぼ全員から…
大変そう だねー
と、返されます
なんで介護は 大変だと 思われるのか…
確かに 大変なコトも あるけど
でも それは どんな仕事も いっしょでしょ?
大変だと 決めつけて こられるのは 好きじゃないのです
お 今日も いいうんこだな!
まぁ、 介護のことを よく知らないから 「大変そうだね」と 返事をしているだけ というのも あるのかな?
とんこちゃん!

とんこちゃん どうしたの？ 考えこんじゃって…
中山さん
よく話す利用者さん
中山さん!!
聞いてくださいよー！
昨日の合コンも さんざんだったんです！
あらぁ
どうしたら いいと思いますか？
そうねぇ…
いつもの とんこちゃんで いいんじゃないの？
私は元気な とんこちゃんが 好きよー
じーん…
中山さん…！
私の彼氏に なってくださいよー！
あらあら
ふふふ
利用者さんと 関わるのは 楽しいのです

特養の利用者さんたち

特養にいる人は
ほぼ認知症です
とんこちゃん
高村さん知らない？
お風呂の番なんだけど…
さっき
歩いてましたよ
あ、ほら…
高村さーん
こっちこっちー！
○×△☆※っ！
ぶんぶんっ
#☆@○
♪＊%△
だよなぁ！
そうです
よねー
語尾しか
わからない
さ、お風呂
行きましょっか！
高村さんも
認知症
いつも
歩いてます

高村さんはヒマさえあれば歩きます
歩いて
しゃべって…
＃☆＠○♪＊％△？
ですよねー
やっぱり何言ってるかわからない
また歩く
食べて…
カッカッカッ
すぐにまた歩く
よく疲れないなぁ
たまに夜いなくなると…
高村さーん どこ行っちゃったんですかー？
キョロキョロ
!!
なぜか本を読んでる
○×△☆ー
にへらっ
まっくらですよ!?
大丈夫ですか!?

朝食後
おはようございます
＊☆＠○
すたすたすた…
くるっ
♪＊%△×△☆※
高村さんまた会いましたねー
食堂から廊下の端まで行ったり来たり
○×☆※♪＊%△
行ってらっしゃーい
午前だけで20回くらい往復
いつも同じところでUターンして戻ってくる
きっちりしてるなぁ
その人の普段の行動や癖はよく見るようにしています
あれ？
今日は10回くらいしか歩いてないなぁ
という時は…

すごい熱！
高村さん大丈夫ですか!?
氷枕持ってきて！
クーリングするよ！
!!
具合が悪くなっていたりする
だからその人の行動パターンを知るのはとても大事
もっと早く気づいてあげればよかった…
他にも例えば…
いつも食器をたたきながら食べるSさん
カンカン
ぱくぱく
カンカン
カンカン
カンカン
あれ？今日は食器たたいてないなぁ…
ぱく、
ぱくぱく
Sさん熱出てる!!
もしやごはんの時からか!?
日光浴が日課のNさん
えへへ…
ほわ～
いつもよりヘラヘラしてるなぁ…
えへ…
えへへ…
えへ…
Nさん熱出てる!!
もしや昼間から!?
えへへ…

普段の姿との
ちょっとの違いに
気づくことは
重要です
認知症の場合
うまく話せない人も
いるけれど
怒る人は多いかも
泣いたり
不安そうにしたり
喜怒哀楽が
はっきりしている人が
多いので
気づける機会は
少なくないと思うのです
ちなみに高村さんは基本的におだやか
お茶出し中
どうしたんですか?
?
人恋しいのかな?
あ
何かほしいんですか?
ああ、ああそうなんだよ
ときどきはっきりとしゃべる
これですか?
ん?
これですか?
んんー
わかった!
高村さん コレがほしいんですか?
塗り薬
おぉ…おー…
そうなんだ これがほしかったんだよー
え、ホントに!?
でもたまに…
イラ イラ イラ
めずらしくピリピリしてる?
今日高村さん排便なし5日目でーす
体調の良し悪しが感情に影響する
なるほど…そういうことか

とんこちゃーん
がんばりすぎ なんじゃないのー?
ちょっと 休んでいきなさいよー
中山さん ありがとう ございます
実は 明日また 合コンなんですよ!
あらーいいわね
いつもの おしゃべりする とんこちゃんで いったらいいんじゃない?
ぎゅんっ
100%!
彼氏ほしい メーター
よしっ がんばってきます!
次の日
お仕事 何してるの?
介護士です
へぇ 若いのに めずらしー
よーし がんばるか
介護って とっても 楽しいんですよ!
～～～で ～～～だったりして それで～～～…
ぺらぺらっ
……
でも 他の人に わかってもらうのは なかなか むずかしいです…
あぁ… うん
いいんじゃない かな?
しまった…

ある日の合コンにて

人と関わるって難しい…

利用者の高村さん

利用者さんとの会話は楽しいです！

番外編

祖父の入る施設選びをしたときの話

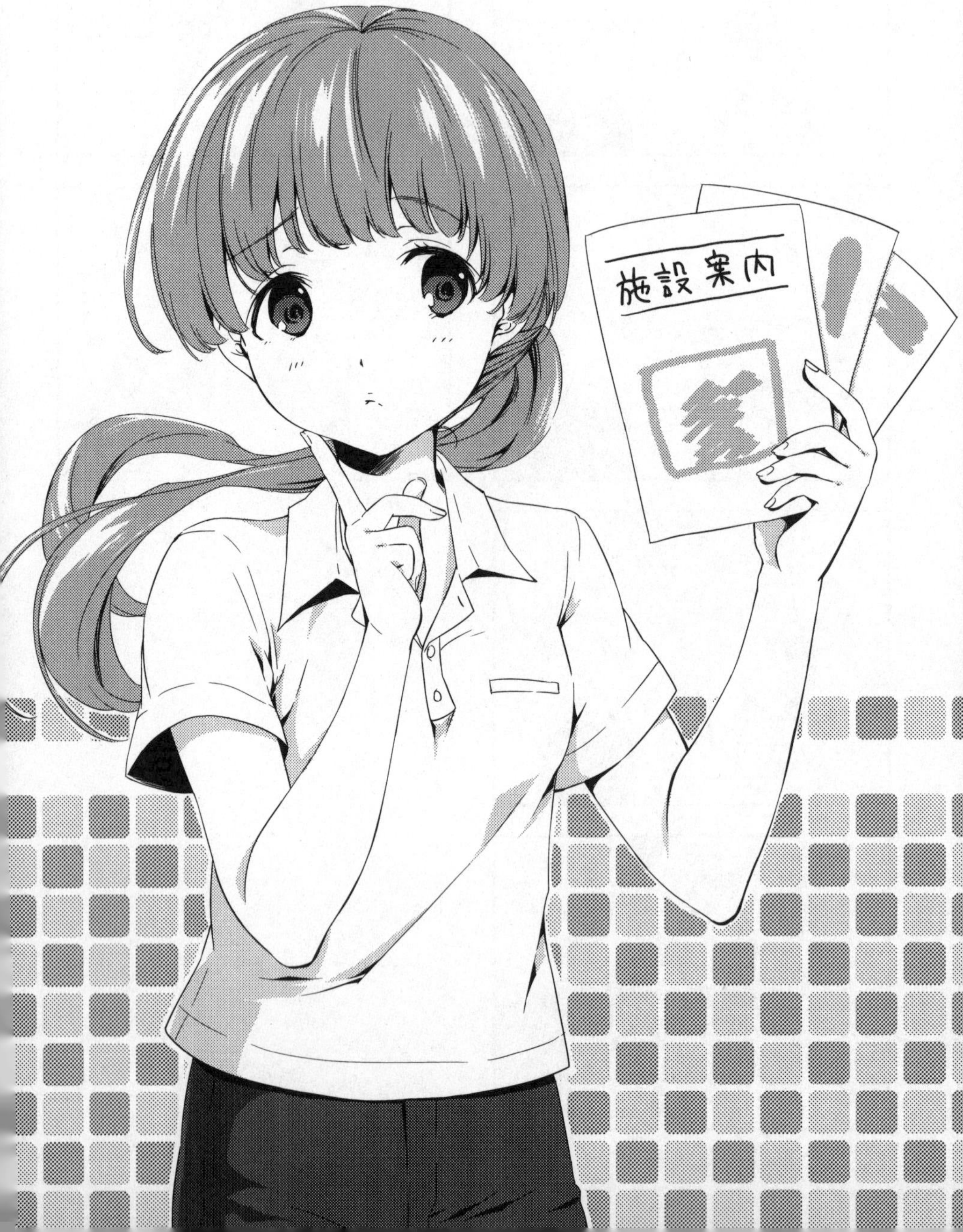

XX年の晩秋
祖父の介護度が
「3」から「4」に
なりました
祖父は伯父家族と
住んでいます
認知症の症状はあったものの
トイレに行ったり
ご飯を食べたりと
自分のことは
だいたいできていました
しかし この頃から突然
ガクッと調子が落ちてしまい…
・歩行が不安定
・一人で歩こうとして転倒
・トイレに間に合わず失禁
…などがあり
家族ではとても
対応できなくなってきて
いました
大変！
おとうさん
大丈夫!?

祖父の介護度と
費用から考えると
特養に入るのが
一番なのですが
待機者が多く
すぐには入居できません
※特養＝特別養護老人ホーム
なので
すぐに入れる
介護付有料
老人ホームを
探すことに
なりました
ある時…
介護士目線の意見も
聞きたいから
とんこちゃんも一緒に
来てよー
伯父
!
うーん
学校の実習先も
特養だったし
他種の施設って
よく知らないかも…
「有料～」っていったら
お金取るだけ取って
手厚い介護を
しなさそー…
っていうかそもそも
自立度が高い利用者が
多そうだなー
でもご飯は
良いものありそう…
……
めちゃくちゃ
偏見まみれ…
あれ？
確か給料って
特養より有料の方が
高いんじゃなかったっけ？
いま見学して
あわよくば
転職するのもありか…!!
わたしも行く!!
よかった
とんこちゃんが
来てくれるなら
助かるよー
…そんなわけで
伯父、アン、とんこの
3人で
有料老人ホーム見学に
行くことになりました

伯父は家の近くの有料老人ホーム3か所にアポを取っていました
1軒目 A施設
法人 A xxxx
結構キレイな建物だねー
アン
伯父
ウィーン
なんだ… 有料の職員もちゃんとお世話してるじゃん!
こちらへどうぞー
※偏見すいませんでした
えーと、こちらがお部屋になります
ふーん まあまあの広さだ
トイレはスライド式ドアか…
こちらではみなさんお茶を飲んでますねー
1か月の費用は26万円になりますねー
サービスとかメリットとか何の説明もないのか…
んー この施設の良さが伝わってこないなー

あまり印象に残らないまま次の施設「B」へ…
B施設
うわー外観からしてなんか古いなぁ…
なんか…Aとは雰囲気が違うね…
床は絨毯!?
珍しいな!
なんだか古い旅館みたい…
お風呂場
※A～C施設のうち唯一見せてくれた
お風呂場はこんな感じで歩行浴、機械浴の2種類があります
うわっ! こんな古いやつ学校の教科書でしか見たコトないよ!!
本当にこれで利用者支えられんの!?
ひと昔前のステンレス製かな…?
こちらが居室です
Aよりも狭く感じるな～
床が暗いから狭く見えるのかな?
トイレのしきりが布カーテンだ…
ぺらっ

献立表
・グラタン ・サラダ
・大学いも
白身魚のムニエル
・ほうれん草のおひたし ・パン
・フルーツポンチ
・たきこみごはん
・梅干
1日のスケ
AM 7:0
9:00
これが1日の流れで…
こちらは献立表です
えー!
こんなのが毎日出てくるの!? いいなぁ〜
そしてうちでの一番の売りは嘱託医が常駐してることですね!
24時間いつでも医者が診てくれるんですよ!
すごい!!
そうなんですかー
で? 費用の方は…?
1か月で29.5万円です!
ほぼ30マン!!
古くさくてあんな狭い部屋で30万か〜
伯父さん!
いやー ないな! 次で見学できるとこラストだけど大丈夫かな?
次はCの施設へ…
うわぁ……

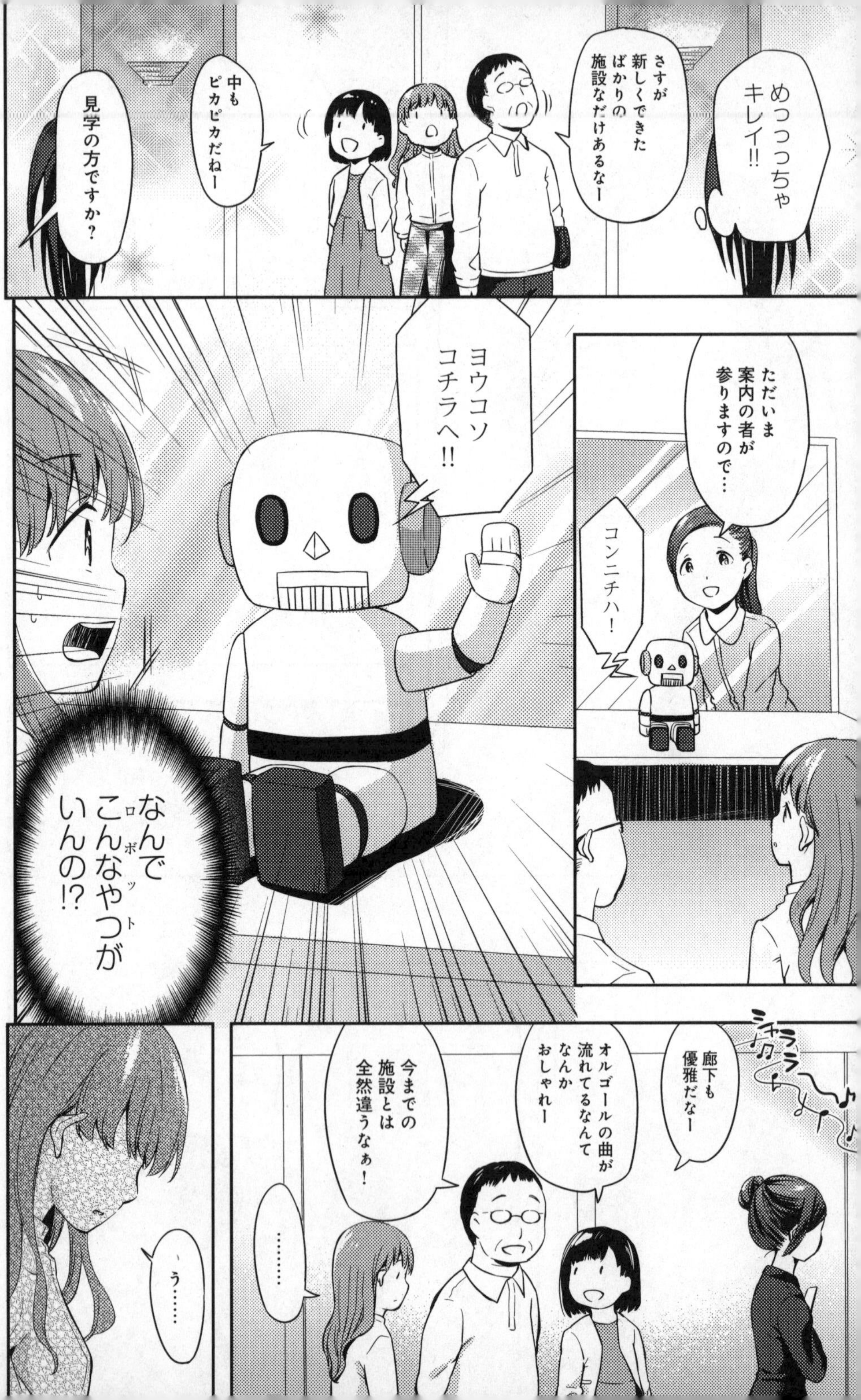
めっっっちゃキレイ!!
さすが新しくできたばかりの施設なだけあるなー
中もピカピカだねー
見学の方ですか？
ただいま案内の者が参りますので…
コンニチハ！
ヨウコソコチラへ!!
なんでこんなやつ《ロボット》がいんの!?
シャララ〜♪
廊下も優雅だなー
オルゴールの曲が流れてるなんてなんかおしゃれー
今までの施設とは全然違うなぁ！
………
う……

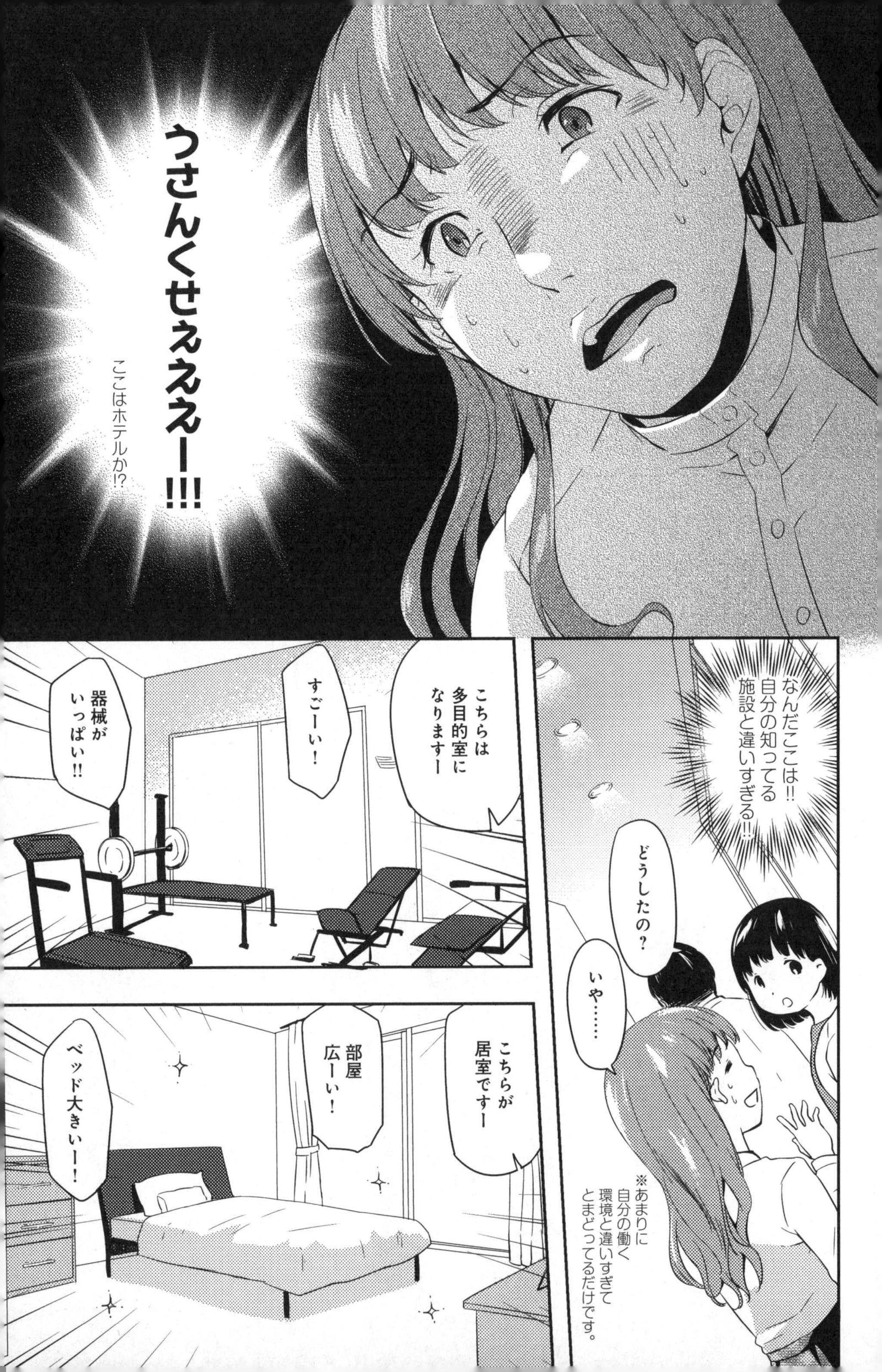
うさんくせぇぇぇー!!!
ここはホテルか!?
なんだここは!! 自分の知ってる施設と違いすぎる!!
どうしたの?
いや……
※あまりに自分の働く環境と違いすぎてとまどってるだけです。
こちらは多目的室になりますー
すごーい!
器械がいっぱい!!
こちらが居室ですー
部屋広ーい!
ベッド大きいー!

床は…フローリングか
ちなみにセンサーマットはありますか？
えーと一応ありますけど…
※センサーマット
ナースコールの足マット版のようなもの。
ベッドの下に敷いて使う。
マットが踏まれると職員に連絡が入る仕組み。
※ちなみにどの施設に聞いても「あります『けど』」と言われました。
ということは事情はわからないけどあまり推奨してないのかもしれません。
(祖父は転びやすいのでつけた方が良いと思ってます)
これ
トイレはスライド式ドアか…中に手すりもある…
利用者も見たいけど誰ともすれ違わないなぁ
うちの売りはなんといってもリゾート感なんですよ！
レクも充実してるんです！お花教室の時は○○フラワーショップの(高級で有名なお店)お花を取り寄せたりですとか…
××体操教室の先生がいらして運動を教えていただいてまして…
医者はいるんですか？
えぇ 週に1回来てもらってますけど…
嘱託医がつかまらなかったら病院へ救急搬送しますねー
…で？1か月おいくらくらいですか？
23万円です！
安いッ!!
ぐっ
伯父さん!!声大きいっ!!

いやー 3軒まわって よかったな！
そうだねー
3軒目は すごくキレイだったし いろいろ充実してそうで いいんじゃないかな？
だよなぁ！
じゃあ3軒目の Cで決まり…
いや、Cはないね!!
ええ!?
ばんっ
まず今回見た 3施設を まとめるとこうなる!!
そして この中で 選ぶなら……

	A	B	C
金額	26万	29.5万	23万
部屋の広さ	まぁまぁ広い	狭い	広い
嘱託医	—	医師が常駐している	いる（週1回の往診）
トイレのドア	引き戸	布カーテン	引き戸（中に手すり有）
献立	—	バリエーションある	—
レクの充実	—	まあまあある	いろいろある
その他	特になし	床は絨毯 壁もうっすら暗め	新築でとてもキレイ

ビシィッ!
圧倒的にB!!
B!? あんなトコが?
なんで!?
パッと見 古くて地味に見える 紺の絨毯… 広すぎない部屋…
そこがいいんだよ!!
!?
おじいちゃんのADLを考えると 部屋は狭い方が どこへ行くのも近くなる!
壁をつたって 歩くこともできるしね
※ADL… 日常生活動作のこと。 食事・排泄・ 着替えなど 日常の基本的な 行動のこと。
ババババッ
小室スタイル
ポツーーーン…
逆に Cみたいに 部屋が広いと 壁まで行くのも 困難!
つかまるところも ないから すぐ転倒! すぐ負傷!!
たしかに…
それに もし転んでも 床が絨毯なら 衝撃は少ないと 思うんだよね
いたい…
床がフローリングや タイルだと すべるし硬いから、 転ぶと内出血ができたり 皮膚がめくれたりして 大変なんだよ
ぺろりんっ
うわ 痛そー…
※とんこの職場は タイルと フローリングです
※こぼしたものを すぐに拭ける、 という意味では フローリングの方が いいと思います

しかも
おじいちゃんは
認知症でしょ？
うん
認知症の人って
不穏になることが
あるんだけど
広くてキレイすぎる
所よりも
ある程度狭くて
生活感がある方が
精神的に落ち着くと
思うんだよね
ほ…っ
※不穏…
精神的に不安定な状態。
症状は人によります。
たぶん
自宅にいる時のような
安心感を
持てるんじゃないかな？
※個人差あり
全く不穏にならないことは
ないと思います。
へぇー
なんかわかる
気がする！
あとは施設の古さと
医者との連携の良さは
おじいちゃんには
はずせない
ポイントだよね
医者はわかるけど
施設の古さって？
古くさーい道具を
ずっと使ってるほど、
施設の歴が長いと見れば、
施設全体の
経験値は
高そうじゃない？
スタッフ全体に
マニュアルが
伝わってそうで
安心感もあるでしょ
マニュアル
※これは私の
超偏見です…

Cは新しい施設だからとっさのアクシデントにちゃんと対応してくれるかちょっと不安かなぁ
※スタッフの質にもよりますが…
なるほどね…
ていうかさ！ Cは あのキレイな環境 レクの種類や コンセプトからいって
元気な人が 楽しく過ごすために 入るような所なんだよ！
おじいちゃんに リゾート感 いらなくない？
日常感の方が 大事じゃん？
あはは そうかも
ばしばしっ
そういえばさっきから A施設のことが 一言も出てきて ないんだけどなんで…
うん 印象に残る 説明が なんもなかったから
ばくばくばく
説明が テキトー だったじゃん
あー…
なるほどねー とんこちゃんは よく見てるね さすがー！
いやー それほどでも！
よしっ決めた！
Cにしよう！
うん そうしよう
…え
えええ!?

…結局
伯父の一存により
祖父はCの施設へ
入所しました

孫の意見なんて
そんなモンです…

そして
1週間後に居室で
転倒…

頭を打ち
腕の皮膚がめくれ
倒れているところを
発見されました…

その後急いで
ベッド横に自費で
手すりをつけましたが…

まぁ 今更ですね！

おじいちゃんが
過ごしやすければ
いいのですが…

なかなか
難しいものです

おわり

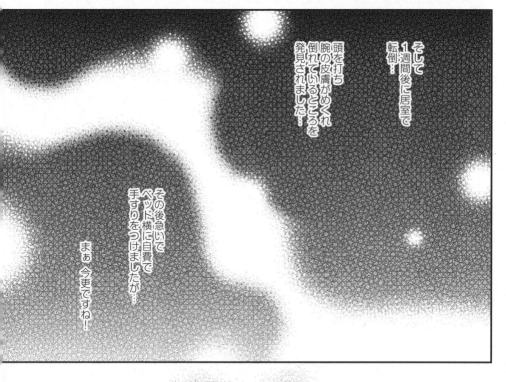

〈番外編について〉
本文中で、わりと雑な言い分などが散見されていたと思います。
それは単なる「とんこ」の一意見なだけであり、正しいというわけではありません。
(そもそも有料老人ホームのことは初心者レベルでしか知らないので施設の事情などがあれば教えてもらいたいくらいです…)
利用者によって、合う施設はさまざまで、今回出てきた施設も別の視点から見たらその人に合っているかもしれないですし、状況によっていろいろあるので一概にこうと言えるわけではないと思います。
(後日起こった事故も、仮に他の施設に入ったとしても起こっていたかもしれません)

有料老人ホームは特別養護老人ホームと違って特にお金がかかります。
お金は大事です。
祖父はたまたま貯金があったから施設を選ぶことができる立場でしたが、それでもお金は施設を選ぶうえで大きなポイントになっていました。
ただ、なるべく利用者本人の目線で施設を探すのも大事なんじゃないかなと思い、こうして漫画として描いてみました。
施設探しのちょっとした一意見として理解して読んでいただけたら幸いです。

※各エピソードに登場する人物の名前や時間軸はフェイクが入っているものもありますが、エピソード自体はすべて実際にあったことです。

ある日の高村さん

毎日いろいろあります。

1章番外編のウラ話

介護士《プロ》と一般人《しろうと》

とんこの話を聞いていると
聞き慣れない言葉がよく出てきます…

ちなみに…

独語…ひとりごと。
現実に語りかける対象がないのに
1人でしゃべっている行為。
(世界大百科事典より)

水分

よくいる人①「自分で飲み物を飲める人」の場合
お茶どうぞ
ありがとう
…と言って飲まない
○○さん少しお茶飲みましょうか
何度もうるさいわね！
介助を嫌う人に飲み物を飲んでもらうのはむずかしい…
よくいる人②「自分で飲み物を飲めない人」の場合
お茶飲みましょうね
………
ちゅるっ
ぺっ
あぁっ!!
飲み物を飲みたがらない人は多い

夏場は特に水分をとることは大事！
だから職員は飲んでもらうことに必死!!

「利用者さん水分とらない問題」

夏といえば脱水症が恐い季節。特に高齢者は自分でその症状に気付かなかったり、重度になると命にかかわる問題にもなってきます。とんこの施設では普段から水分をとりたがらない利用者さんが何人かいます。水分摂取量が少ない利用者さんに関しては1日の摂取量をこまめにチェックしています。特に夏の時期は少しでも多く飲んでもらえるように職員みんなで頑張っています。時間をかけて少しずつ飲んでいただくという地道な作業がとても大切になってきます！

そして夏のナースは…
申し送りにて
○○さんと××さんは水分とらせてくださーい
ぺらぺらっ
わかってはいるんだけど〜〜
ときどき鬼…笑

2章 認知症、いろいろ。

介護福祉士 とんこちゃんの特養生活日誌

人は、認知症になると
今までできていた動作ができなくなったり
いろいろなことを
少しずつ忘れていきます。

言葉が伝わらなくなったり
意思の疎通がだんだん取れなくなります。

※認知症の型により、その症状は異なります。

認知症、いろいろ。1

友達との女子会にて——…
みんな仕事忙しそうだね～
でもとんこの方がいろいろありそうだよね
えーそうかなー？
施設にいる人って認知症の人たちばかりなんでしょ？
手のかかる人が多くて大変でしょ？
そこで働いてんのはまじえらいって!!

介護のことを知らない人は「認知症の人」と一括りに考えるし大変そうと思うらしい
あはは…
でもそんな単純化して考えられるものじゃないと思うのです
ここは特別養護老人ホーム（通称・特養）
私が働くこのフロアには約50人のお年寄りが暮らしています
「ここにいる人はほぼ認知症」
と1章で紹介しましたが――…
はいっ
いただきまーす
実は認知症といっても人によって症状はさまざま
その程度もさまざまです

中山さん 83歳
あ…っ
ぽろっ
あらっ
カラン
カランッ
すみませーん スプーン 落としちゃった みたいですー
はーい
ここには 自分のことで いっぱいいっぱいの 人が多いですが
中山さんは よく周りを 見ています
ごちそう様ー
何してるん ですか？
コポポ…
時間が経つと お茶わんが 乾いちゃうからね
だから 濡らしておくの
洗う人が 大変でしょ？
そして とっても 優しい人

でも――…
ガタガタッ
ゴソゴソッ…
中山さん
どうかしましたか？
ガラッ
あれが
ないわ…
え？
ガサガサ…
明日
娘が来るのよ…
ブツブツ
布団を
準備しなくちゃ
いけないのよね…
ご飯だって
作らなくちゃ
いけないし…
そんな中山さんも
認知症です
ガサ
ゴソ
ガサ
ゴソ…

特別養護老人ホーム
あら
私がタオルたたみやるわよ～
ありがとうございます！
おねがいしますね
普段はおだやかな中山さん
でも突然…
中山さーんタオルたたみどうですか？
なんで私がこんなことしなくちゃいけないのよ…
ブツブツ
まったくもうっ
ブツブツ
プンプンッ
え──!?
スイッチが入ったみたいに症状が出る

そういう人は他にもよくいます
いつもニコニコ将棋が大好きなTさん
パチッ
でもときどき夜に——…
とんこちゃーん…
ちょいちょいっ
こっちの部屋に来なよ～
ははは…
!?
まじめでおだやかおしゃべり好きなMさん
でも急に——…
とんこ！宮野は信用するな！
あいつは恐ろしいやつだぞ！
宮野
ブツ
え!?
職員と何かあったんですか!?
え？何が？
あれ!?
今確かに聞こえたんだけど…
こういう時はみんないつもと雰囲気が違うので
認知症の影響だとすぐにわかります
目が見開いていて不自然だったり…
顔がこわばっていたり…
目を合わせなかったり…(焦点が合っていない)

ちなみに中山さんが「いつもと違う不安定な状態」になった時は――…
なんで私ばっかりこうなのかしらっ
みんなわからないの!?
あまり話しかけない方がいいかな?
イラ
イラ
イラ
ちょっと離れたところで見守ったり…
ちらっ
もう私っ今から帰るからっ!
本当にもうっ
みっちゃんもとしちゃんも全然顔見せないしっ
ぷん
ぷんっ
何やってるのかしらっ
何考えてるんだかわからないわっ
そっとついていったり…
え
ちょっと中山さん!
見てくださいよ!
?

すごくきれいな
お花が咲いてますよ!?
え？
ほら
あそこ！
あそこ！
………
あらぁ
本当ねぇ
タイミングをみて
気をそらして
みると
だんだん
落ち着いてきます
だから
不安定な状態に
なっても
あ
プンプン
してる…
そういう状態
なんだな…と
思うだけで
特別なことは
特にしません
※
これは中山さんの場合の
やり方で
利用者さんによって
対応の仕方は
さまざまです！

久本さん 92歳
久本さんはご飯を食べ終えると
ごちそうさま…
トイレに行きます
んー
んー
トイレ
出てきたと思ったら
ジャ
トイレ
またすぐに…
んー
んー
トイレ
これで10回目だ…!
ジャ
トイレ
何回もくりかえします

「同じことを何度もする」のは認知症でよくある症状の1つです
パッドちょうだい…
どうぞ
※久本さんは夜間は自分でパッドをつけかえます
パッド…
はいっ
久本さんそろそろ寝ましょうか…
ガラッ
久本さん!?
グフフ…
うもれちゃってる!!
尿取りパッド(オムツ)をたくさんもらいすぎてしまったり…
ごそごそ
んー
んー
棚のタオルを部屋に持ちこんでしまったり…
それどうしたんですか!?
いつのまに!?
わからない…
ぐふ…
そして自分でしたことを覚えていません
ごちゃあ…

そうかと思えば…
ふんふふーん♪
いっつも絵描いてるなぁ
久本さん絵描くのうまいですね～
ぐふふっ
できた…
!!
はい…
ぐふふ…
ばん
女のスタッフさんへ
久本かず(92)
11月15日(晴れ)
んっ
久本さん自分の名前書けるの!?
年齢も!?
しかも全部合ってる!!
ず
(92)
久本か
11月15日(晴れ
あげる…
ぐふっ
ありがとうございますー!
すげー!!

実は利用者さんによって自分の名前の認知度もさまざま
どこに住んでいたんですか？
……
ご家族は何人ですか？
……
いろんなことがわからないけれど自分の名前だけわかる人
お名前は？
藤田キミ
あ 合ってる…
○○さーん
……
呼びかけられてもわからない人
○○さーん
くるっ
名前を呼びかけると振り向くけれど
お名前は？
……
自分の名前を自分で言えない人
自分の名前がわからない人もいます
「字を書く」となるともっと難度が上がります
今日のレクは書きぞめです！
この人は書けてる
この人は書けないんだな…
自分の名前が書けるのは1/3くらい
2/3の人はいろいろな理由で書けません
これをお手本にして書いてみましょうか
「お手本を見ながら書く」ことができなかったり
～～～っ!!
あ～～～っ!!
イラ
イラ
イラ
イラッ
ひらがなもわからなくなっていたり
そもそも「字」自体を忘れてしまっていたり…

だから
久本さんのように
自分の名前どころか
年齢までわかっていて
それを
ちゃんと書けるのは
すごいことなのです
2月生まれのお誕生日会
ハッピバースデー
トゥーユー
久本さん お誕生日 おめでとー!
誕生日が 来ちゃったのか
せっかく 92歳って 覚えてたのになぁ
おっ
かきかき…
久本さん 今度は どんな絵を 描いてるんですか?
ちらっ
本かず
(93)
!!!
合ってる…
ちゃんと 歳とってる!!!
ぐふふ…
認知症だって 覚えられることも あるのです

時田さん 81歳
時田さんは口の中に食べ物が入ると
はい どうぞ
スッ
よくかんで飲みこみます
もぐもぐもぐ
ごくんっ
でもご飯を見ても
ぐちゃ
ぐちゃ
ぐちゃ
それが「ご飯」だとわかりません
時田さんはご飯を拒否せずなんでも食べるタイプですが
ときにはご飯以外のものも…
あーん…
あー!!
大変!!

時田さんは普段…
そろそろ部屋に行きましょうか…
○×☆♪
ほとんど寝ません
△*×□
認知症だと睡眠時間が短かったり
おはよー
ばーん
え!?
まだ2時ですよ!?
昼夜逆転してしまう人もいます
12:00
0:00
テレビ
でも時田さんは昼も夜も寝ません
時田さん朝まで一睡もしてませーん
朝の申し送り
時田さん昨夜も寝ていません
時田さん寝ませんでしたー
今日で3日目でーす
こんなことは日常茶飯事
よく眠らないでいられるなぁ…

時田さんは とっても活発
ぐぃー
ばっ
がたっ
よく 立ち上がります
でも 歩けません
へたり…
交互の足を 前に出して 進むことが
「歩く」ことだと わからないからです
私たちの言葉も わからないし
逆に私たちも 時田さんの 言葉の意味が わかりません
ごはん 食べましょうか
〜〜
〜〜
でもたまに
今日は あったかいですねー
うん そだねー
その場に合った 返事を してくれることも あります
奇跡だ…!!

こんなふうに認知症の症状は人それぞれ
そして同じ症状でもその表れ方は人によって少しずつ違います
よくある症状
「帰宅願望」でも…
家に帰るから出口教えろや！
認知症による
怒りもプラス
家のことやらなくちゃいけないのに
私こんなとこにいる場合じゃないのよ…
出口どこかしら？
認知症による
心配性もプラス
だから
この人は認知症でこの症状なのか！
じゃあこんなふうに介護すればいいっか！
…なんて単純じゃありません
利用者の個人データノート
教科書ではこう書いてあるのか！
じゃあこうすればいいや！
…なんてすんなりうまくもいかなかったり…
その人にあったケアはみんな違ってきます
だからこそ利用者1人ひとりと深く関わって知ることが大事なのです
おわり

認知症ってどんな症状?

認知症の症状はその人によって異なります。
症状にはいくつも種類があり、原因も違えば進行のしかたも違ってきます。
ここではとんこが働く施設で日常的によく見られている認知症の利用者さんの症状をご紹介したいと思います。

①あてもなく歩き続ける(徘徊)

②昼夜逆転する

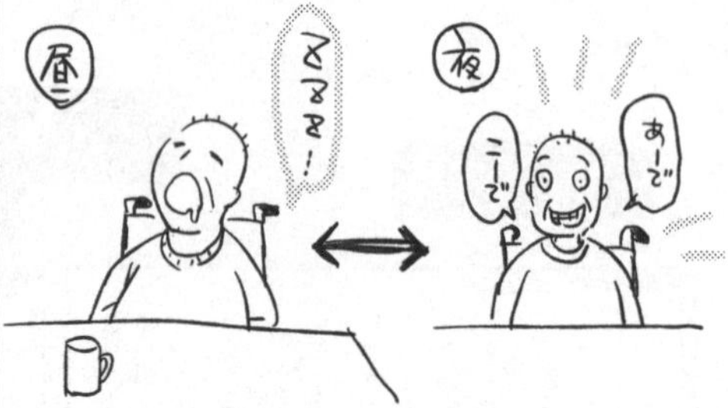

③幻聴、幻覚

④喜怒哀楽が激しくなる(感情失禁)

⑤1日の体調に波がある

⑥自分のしたことを忘れてしまう

⑦拒否が強い

⑧同じことを何度も言う

⑨ポケットにティッシュを詰め込む

⑩何かをずっと触っている

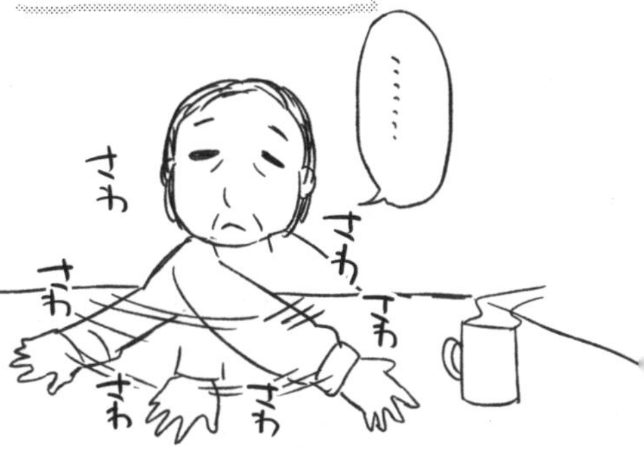

⑪ぬいぐるみや人形を好む

⑫急に変なことを言い出す

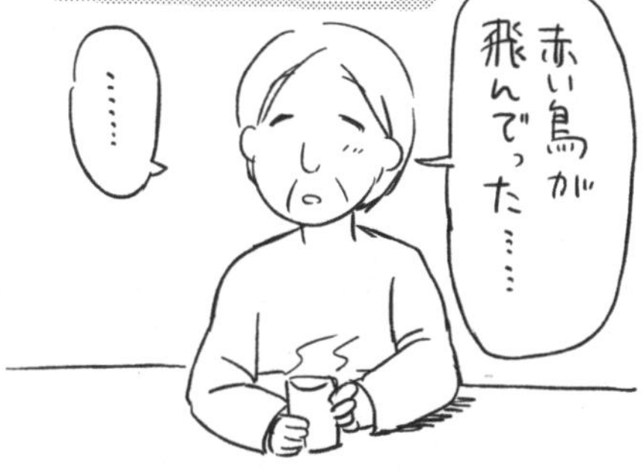

⑨〜⑫は一般的な症状ではないかもしれませんが、施設内でこういう利用者さんをよく見かけます(もしかしたらとんこが働いているところだけかもしれませんが…)。
この他にも描ききれないぐらい色々な症状があります。人間の性格のように認知症の症状も十人十色なのです。

食事中も…

本当にふとした瞬間に症状が出ます。

認知症、いろいろ。2

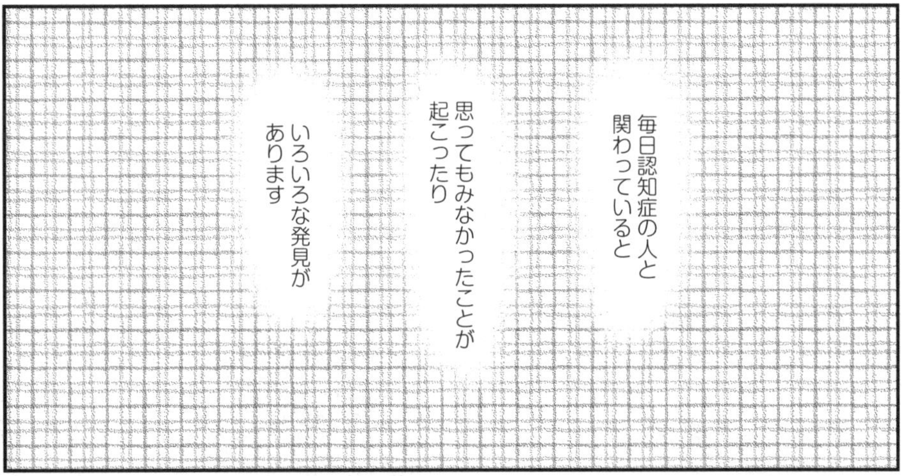
毎日認知症の人と関わっていると
思ってもみなかったことが起こったり
いろいろな発見があります

もぐ
もぐ
この人はさっきも出てきた時田さん
ご飯を口に入れると
かんで飲みこみます
でも食べ物を見てもいじっておわり
スプーンの使い方もそれが「食べ物」だということも
忘れてしまったからです
ぐちょ
ぐちょ
あららっ

汚れちゃったので
手を洗いに
行きましょうか
〜〜〜
時田さんは「手が汚れたから洗う」ということも理解できません
くいっ
今準備しますね
くるっ
バシャバシャバシャバシャ
!!!
バシャ
バシャ
「洗う」ことを
忘れてしまった
はずなのに
この時一瞬
昔できていた行動を
思い出して
実行したのです

そういうことは他の認知症の人にもあります
「ストローで飲む」って意外と難しいんだよなぁ
ぶくぶくぶく…
ストローの使い方がわからない人
ある時…
どうぞー お茶です
あ その人は…
新人
ちゅるる～
飲んだ…!!
普段はストローで飲まないのに…!!
こういう行動はどこかの瞬間でふと現れます
すごい時田さん…
自分で手を拭いてる…

コップもらいますねー
わっせ
わっせ
あれ? 何してるんだろう…?
キュ…
いつもは物を触ることなんてないのになぁ…
ススス…

ススス…
あ…
向かいの人に
渡した…？
認知症の人は
自分の目の前にある物が
誰の物か
わからないことがあります
そして
そばにある物を
自分の物だと
思ってしまう人も
います
あれ!?
さっきは隣の人が
持ってたような…

いつもは
まったく物に
興味を示さない人が
タオルを
たたんで
ズッ
しかもそれを
相手に戻した
それは
すごいことです
自分のことで
精いっぱいな人が
多いなか
人のために
何かをやれるのは
とってもすごいこと！
もしかしたら
私が良いように
とらえているだけかも
しれません
向かいの人のために
何かして
あげたかった
のかな？
それとも目の前に
あった物がただ
気になったのかも…？
でも
その行動は
偶然起きた
わけじゃなく
なにか理由が
あるんじゃないかと
思えてしまいます
「できないことが
できるときもある」
その
できたことを見て
その人らしさ
その人本来の性格を
感じることが
あるのです
おわり

＊2章扉絵の裏話＊

今回は排泄用品をテーマに描きました。
施設によって使っているオムツやパッドは様々だと思います。
排泄用品は会社によって形が違ったり、工夫されているところがあったり、
吸収力も全然違います。
利用者さん1人ひとりに合ったものを使用してもらうために話し合いの場を設けたり、
勉強会を行ったりしています。オムツ選びも奥が深いですね。

リハビリパンツ

M～L
26枚入
26枚
まとめ買いパック
アテント
さらさらパンツ
長時間お肌安心

取り替える時は
サイドのつなぎ目が
切れるように
なってるよ！

オムツ（アウター）

M30枚
リフレ
横モレ防止
M30枚

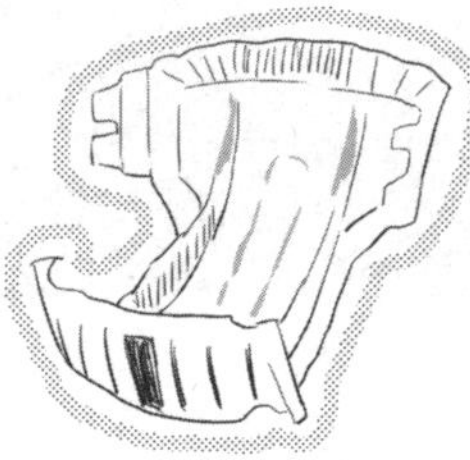

テープをきつく留めすぎると
お腹が苦しくなっちゃうよ！

パッド

一般的に
使われているタイプ！
リフレ
ビッグ

吸収力を
補ってくれる
優れもの！
30枚
補助パッド

アテント
軟便安心
パッド
水分が多い便も
吸収してくれるから安心！

えー 今回の「今日の現場」は
首都圏郊外にある とある介護施設の 現場です
そこで働く ある職員に 密着して きました―…
今日の現場
～密着 介護士48時間～
介護士 田中職員
今日は 夜勤当番だ
やっとの思いで 全員を 寝かしつけた
ピーッ ピーッ ピーッ ピー
…と思ったら ナースコールが鳴る

ハツさん(92歳)
夜中3時に突然起きてきた
田中職員はすぐにハツさんのもとへ行く
ハツさんもう少し寝ましょうね～
やぁだやぁだっ
1時間経ってもハツさんは寝る気配がない
職員がずっと付きっきりで見守りをする
そのままハツさんは寝ずに朝を迎えた…
チュンチュン…
いやーこういうことはしょっちゅうですねー
またある晩—…
深夜2時カワダさん(89歳)が起きてきた
トイレに行こうとしている
しかし…
すでにカワダさんは失禁していた
いやーこういうことはよくあるんですよ

の現場
こういう方たちのお世話をするのは本っ当に大変そうですよね
本当ですね～
ピッ
では次のトピック
ハァー
どうしたの？
………
こういう番組を何も知らない人が見たら
認知症ってこういう感じなんだなー
たいへんそー
マイナスなイメージばかりついてしまう気がする……
メディアの構成上仕方ないとは思うけど…

でも私は
そんなマイナスな
イメージしか
知らない人に
あー
そっかそっか！
この人認知症
だもんね
…と 簡単に
思ってほしくない
決めつけて
ほしくないのです
たとえば
ある時…
ひょいっ
ひょいっ
あっ
また部屋に
持っていっちゃう
のかな？
あーもう！
ちょっと
何やってんの！

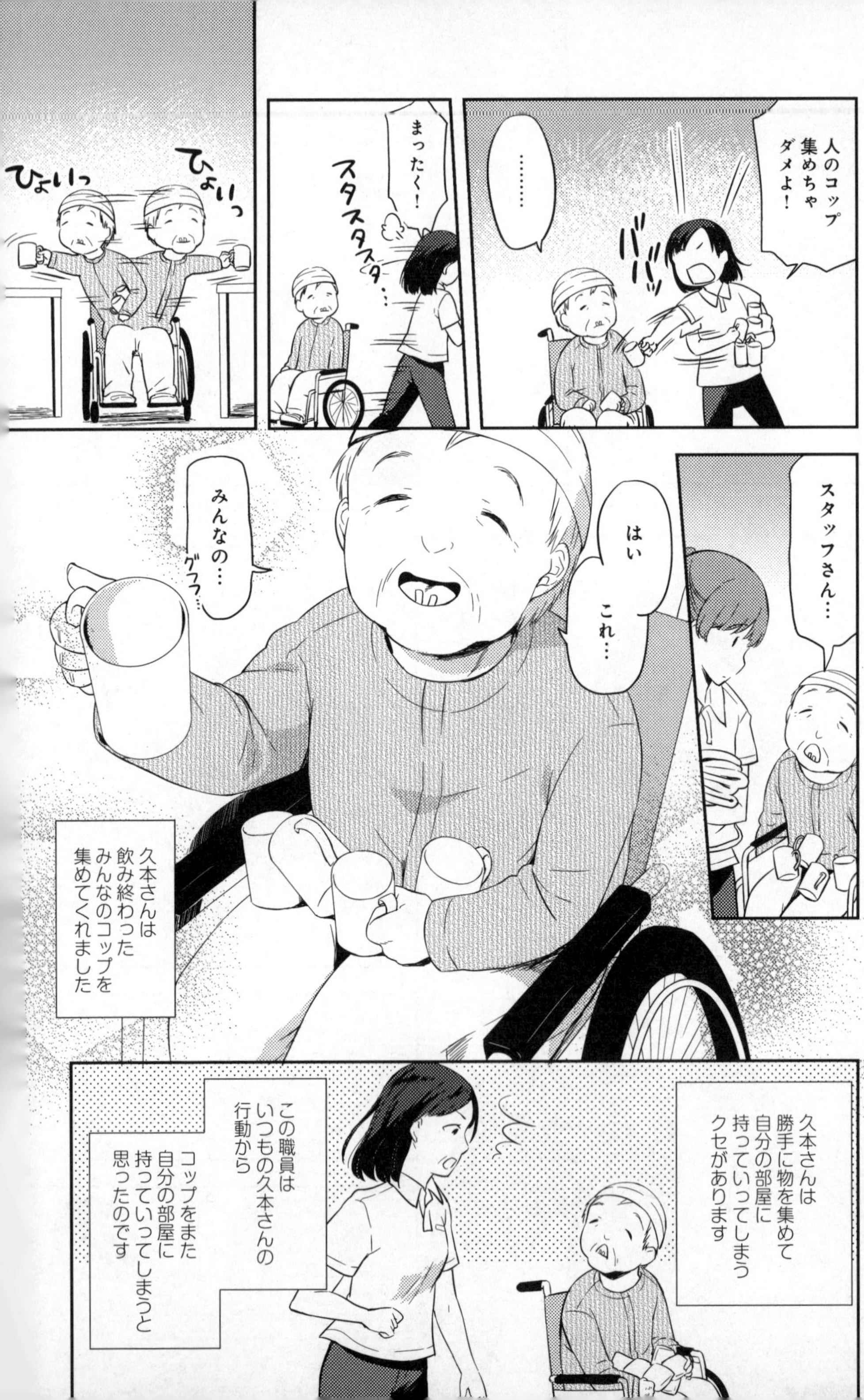
人のコップ集めちゃダメよ！
バッ
……
まったく！
スタスタスタ…
ひょいっ
ひょいっ
スタッフさん…
はい　これ…
みんなの…
グフフ…
久本さんは飲み終わったみんなのコップを集めてくれました
久本さんは勝手に物を集めて自分の部屋に持っていってしまうクセがあります
この職員はいつもの久本さんの行動から
コップをまた自分の部屋に持っていってしまうと思ったのです

でも
結果はわかりません

そして
その人の行動を
見ることで
その人の
本質も
見えてきます
「認知症の人」
症状も人も
いろいろ
そんな一括りに
できるものじゃ
ないと思うのです

…なんて
偉そうなことを言ってしまいましたが――…
もう帰らなくちゃ…
ごはん作らないと…
うろ
うろ…
ごはんできてますよ！みんなでいっしょに食べましょうよ
え…でも………
あーん…
ひょいっ
ガッ
あああっ!!
うぇえええんっっ!!
どうしましたか？
あ!!
あららららっ
ガタッ
ごはん…
作らなきゃ…
まぁ…実際の現場はこんなかんじですけどね(笑)
おわり

2章では「認知症」をテーマにして、実際にあった話ととんこ自身が思ったり感じたりしていることをまとめてみました。
描きたいことが多すぎてまとめるのが本当に大変でした…
認知症についてよく知っている方がこの章を読んだら、もしかしたらきれいごとに聞こえる部分もあるかもしれません。
この章は「介護ってどんな仕事？　認知症の人ってどんな感じなの？」と思っている人に対して描いたものです。なのでできるだけ分かりやすく、でもリアルな部分も偽りなく描きました。
普段時間に追われながら業務をする中で、どれだけ利用者さん1人ひとりと向き合えるかが重要なんだと改めて思いました。少しでも共感していただけたら嬉しいです。

※各エピソードに登場する人物の名前、ビジュアルや時間軸はフェイクが入っているものもありますが、エピソード自体はすべて実際にあったことです。

久本さんと靴
私は
いま現在の
「目の前にいる
利用者さん」しか
知ることができません
でも
ときどき――…

失礼します
オムツの交換をしますね
※寝床が畳＆布団の人もいます
サッサッ
ごそごそ…
ちらっ
誰かいるのかな？
わせ
わっせ
はい終わりましたよ
シャッ
靴…そろえてくれたのかな…？
誰がやってくれたんだろう？

ある日…
オムツ交換に行ってきまーす
よろしくー
♪〜
あれ？
ス…ッ
ぐふふ…
久本さんだったんだ…！
これは一度二度のことではありませんでした
大丈夫ですか!?
〜!〜!
たとえば2人の靴が脱ぎっぱなしのときも…
きちんとそろえてくれます
大きさとか色もわかってるのか…
でも なんでそんなに靴を直してくれるんだろう？
個人データファイルを見てみると…
パラッ
データ
・若いときはわらじを作るお店で働いていました。
これだ…!!
データ
←若いときのイメージ

若い時はね
○×デパートで
働いてたのよ〜
そうだったんですか
でもいつだったか
火事になってねぇ
あのときは…
〜〜〜〜
ここにいる人で
自分の過去のことを
話せる人は
あまりいません
でも
話せなくても
ふとした瞬間に
その人の過去が
知れると
楽しいし
面白いのです
久本さん
いつも靴を
そろえてくれて
ありがとう
ございます
ぐふふ…
おわり

私の施設にいる利用者さんのほとんどは認知症ですが
まれに認知症でない人もいます
スケート見てるんですか？
3回転ルッツにダブルループ！
きまりましたね〜
そう！ちょうど今始まったのよ
この選手とってもステキなのよ
すべりがきれいだし
ほんとですねー
大塚さんは食事と入浴以外はいつも1人
居室で過ごしています
なぜかというと――…
大塚さん 102歳

なにこれ!!
またあの人たちのせいだわ!
ゴシゴシ
きたないわねー!
部屋から出ると
嫌な思いをするからです
すみません気づかなくて!
大丈夫よ
もう流したから!
職員さんに迷惑かけられないからね!
まったく…
あの人たちは困るわ!
どうやら認知症の人が好きではないようです…

私の施設は4人部屋が多く
大塚さんも4人部屋で過ごしています
各部屋にベッドがあり
外
各部屋の入り口には共用のトイレと洗面台があります
大塚さんはなるべく部屋から出ないようにしていますが…
せっせ
せっせ
洗濯物もいつも自分で干している
キコ
キコキコ…
じ…
ス…
あー！もう！
勝手にさわらないでよ！
他の人が関わってくるので
回避するのも困難です…
え…？

そこで
少しでもトラブルを
減らすため
寝たきり
寝たきり
大塚
寝たきり
大塚さんと同室の
利用者さんは
寝たきりの人に
しました
ちなみに
部屋の移床※は
簡単にはできません
会議！
移床の
正当な理由も
必要！
理
移床者全員の
ご家族に連絡！
時間をかけて
今の部屋割りを
作りました
※部屋を移動すること
やっと
きれいなトイレが
使えるわー
ふふっ
よかったー！
そりゃ
そうだよな…
トイレくらい
安心して
使いたいよね…
部屋替え
してくれて
ありがとうね！
しかし

誰が使ったの!?
状況は変わらず…
なんでゴミが落ちてるの!?
ごみ箱
もともと部屋にはカギがなく
出入り可能なうえに
大塚さんの部屋
廊下
共用スペース
（憩いの場）
いろんな人が入りやすい!
大塚さんの部屋が共用スペースに近いことも
災いしました…
も——なんでこんなに来るの!?
こっちまで認知症になっちゃう!!
だからあの人たちはいやなのよ!!
せっかく移床しましたが
なかなかうまくいきません…

移床について

基本移床（部屋替え）は頻繁にするものではありません。
何らかの理由で部屋を変更しなくてはいけない時のみおこないます。
とんこの施設は4人部屋が多いため、部屋割りを考えるのにも一苦労…
ただ対象者を移床すればいいという簡単なことではないのです。

昼夜問わず声出しがある利用者と
夜間眠りが浅い利用者の
同室は避けたいな…
夜間トイレに頻回に起きる利用者と
音や人の気配に敏感な利用者の
同室は難しいよなぁ…
体調があまり良くない利用者は
できれば今よりも
ワーカー室から離れた部屋には
したくないし…

このようにいろいろな利用者がいるため、職員同士で話し合いながらどこの
部屋ならみんなが快適に過ごすことができるかを考えます。
改善策だと思っていてもたまにうまくいかない場合もあったり…
なかなか難しいものです…

どうした
もんかなぁ…
あ
中山さんだ…
バシャ
バシャバシャ
キュ…ッ
ザッ
ふき
ふき…
ザッ
もう1枚？
ふき
ふき
ふき
ふき…

フンフンフ〜ン♪
飛び散った水をふいてる…!?
ピカ
丁寧だな…
なんでそこまで…？
中山さんなんで洗面台ふいてるんですか？
汚れてないですよね？
びちゃびちゃに濡れちゃったからね
次使う人に
気持ちよく使ってもらいたいじゃない？
にこっ
そこまで気を配れるなんて…！
中山さんなら大塚さんも同室でやっていけるんじゃ…？
そしたら認知症のイメージも変わるんじゃないかなぁ

ある日——…
AM4:00
とんこちゃん
おはよー
目が
覚めちゃったわー
ごしごし…
中山さん！
（小声）
おはよう
ございます
まだ早いから
デイコーナーで
テレビでも
見ますか？
ええ
そうしよう
かしら
のろのろ…
わっせ
おはよう
ございます
わっせ
失礼しまーす
わっせ
わっせ
血圧
測りますねー
ちょっと！
なにしてんのよ!!

私の洗面台で勝手に何してんのよ！
じゃまだからどきなさいよ!!
！
なんだなんだ？
みんな起きちゃうよ…
たたたっ
すみません…
ほんとすみませんね…
中山さんと大塚さん…!?
ごめんなさいね
私が悪かったです
ど、
どうしたんですか!?
大塚さんあの…
だから何もわからない人は嫌なんだよ…！

他のところでやればいいのに!!
どうしたの!?
俺大塚さんについてるからそっちよろしく!
はい!
こっち行きますね…
………
………
なにがあったんですか…?

いえ、ね…
顔を洗っててね…
洗面台もふいてたのよ…
!
そっか…
いつもみたいにきれいにしてただけだったんだ…
悪いことしてないのに謝ったなんてすごいな…
私だったら怒っちゃいますよ!!
は!? なんなんだよ!
…って思っちゃう!
ふふっ
そうね
でも…

ああいう時はね
最初に こっちから 「ごめんなさい」って 言うほうが いいのよ
そうすれば
けんかにならなくて 済むでしょ？
……
大塚さんに このこと 言わないと…！
201
大塚チヨ

やっぱり…
きれいになってる…
失礼します 大塚さん
実は 中山さんは…
…… そうだったのね
全然 知らなかったわ…
ここは 認知症の人たち ばかりで
仕方がないって わかっては いるのよ…

でもいろいろ
されすぎて…
みんなが
何かしてくるように
思えちゃって
それでつい
イライラ
しちゃって…
……
そうですよね…
中山さんは
丁寧にふいてた
だけだけど…
ふきふき…
暗くて
見えにくかったし
ごそ
ごそ…
大塚さんには
あやしい行動に
思えたんだろうな…
なにか
してるわ!!

集団生活は人が多い分 いろいろなことが 起こります
特に 認知症の人と そうでない人とでの トラブルも
起こりがちです
私たち職員が 気にかけたり 見守りを 強化するしか ないよなぁ…
がんばら なくちゃ…！
おわり

3章 特養の生活

介護福祉士 とんこちゃんの特養生活日誌

夏なのに

雪だるまみたいに
なってる人もいます。

抱きかかえると

もともとその人がもってる筋力が
関係あるのかもしれません。

じゃあ お風呂 入りましょうね
ぬぎ
ぬぎ
ねぇねぇ
トン
トン
ペン 持ってきてー
すみません 今入浴の 準備中なので…
誰か 山本さんのこと お願いできませんか?
こっち今 別の対応 してまーす
あら…
あとで お持ちしますね
えー? 早くー
希望時に対応 できないのは つらいところ…
コロナ禍の ときは…
宮野さん お休みかー
神田さんも 旦那さんがコロナだから 出勤できないって
出勤表
欠
休
ってことは 今日のスタッフ これだけ!?
欠
欠
ひえーっ
特に 大変でした…

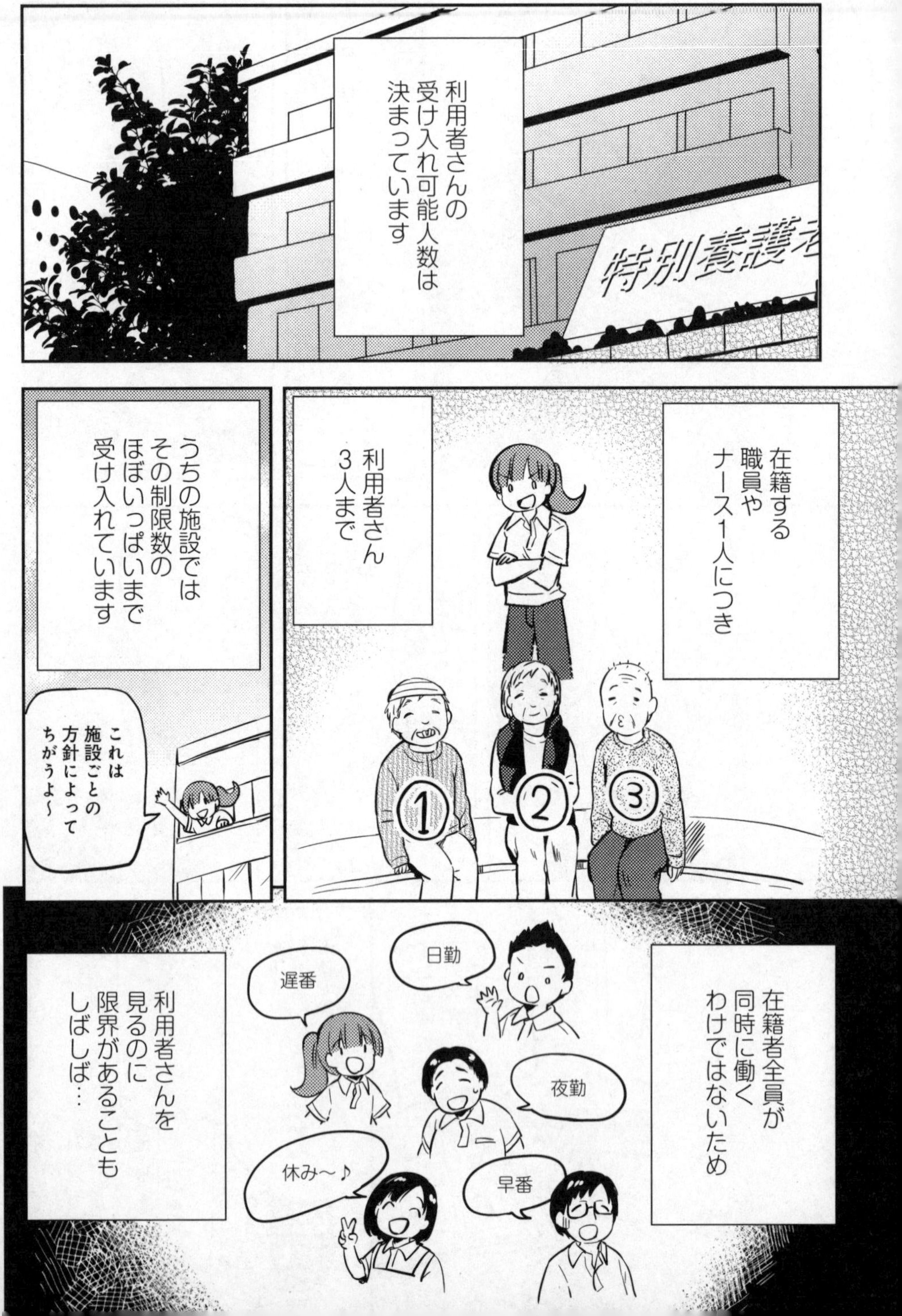
利用者さんの受け入れ可能人数は決まっています
特別養護
在籍する職員やナース1人につき
利用者さん3人まで
1
2
3
うちの施設ではその制限数のほぼいっぱいまで受け入れています
これは施設ごとの方針によってちがうよ〜
在籍者全員が同時に働くわけではないため
日勤
遅番
夜勤
早番
休み〜♪
利用者さんを見るのに限界があることもしばしば…

1人ひとりに
さける時間が
限られているため
今日も
バタバタ
だったなぁ…
あー！
久本さんの爪切り
しそびれた！
※爪切りは
入浴後にするのが
一番理想ですが
なかなか時間が取れず
いつもスキマ時間を
見つけてやっています
こんな失敗を
してしまうことも…
慣れていない
新人だと…
よし！
今日も
がんばるぞー
若かりし頃のとんこ
ねぇねぇ
はーい
どうされましたか？
だっ
とんこ
ちゃーん
あれ
もってきてー
はーい
ちょっと
職員さーん
はーい
ありがと
ねー
いえいえー
いっぱい
役に立てたかな～♪
ほくほく♡
るんるん♡

とんこさん！
業務終わってないんだけど!!
すみません…
利用者さんの希望をすぐに叶えればいいってもんじゃないのか…
「決められた業務」と「利用者さんの要望を聞く」
というバランスがうまく取れなかったり…
「決められた業務」はとても大切です
ここにはなんでも言える派の人と
A:言える派
これやってよ～
頭痛いから寝かせて！
新聞もってきて！
言えない派の人（訴えることができない人）
がいます
B:言えない派
……
訴えられない
職員さんの手をわずらわせられないわ…
私のことはいいわよー
ひかえめ

たとえば
オムツの人が2人いるとして…
出たわ とりかえて!
A:言える派
……
便意・尿意がわからなかったり…
B:言えない派
Aの人が訴えてくるからといって
オムツ替えてー
はーい
Aの人ばかりやっていたら
数時間後…
うわー Bさん たっぷり 出てたんだ!
Bの人への対応が滞ってしまいます
目先のAの人たちの訴えに気を取られて
Bの言えない派の人の思いに気づかなかったり
緊急性が低いと思いがちです…
でも
決められた業務をすることで
Bのような訴えることのできない人のニーズ
に応えることができます

訴えを
言える派にも
言えない派にも
公平に
したいのです
だからBの人との
コミュニケーションも
気をつけたいところ…
訴えられない人には
こまめに様子を
見たり
山本さん
体調は
いかがですか?
ひかえめな人や
自立度が高い人
とは
散歩したり
レクで
関わったり
積極的に
関わらないとな!
本当は1対1で
じっくり対応したいんだ
けどなー
利用者さんが
多いから
ここでは
難しいよなぁ
他の施設なら
ちがうのかな?
…こんなことを
考えながら
日々業務に
あたっています

〔不穏〕
おだやかではないこと
介護現場では
利用者さんの状態が
いつもと違う
状態になることを
ブツブツ…
CHANGE
ブツ…
不穏と
言います
そわそわ
したり
怒りっぽく
なったり
感情が
強く出たり
不安に
なったり
顔が
こわばっていたり…
いつもと
様子がちがうので
見てすぐわかる
症状は
さまざまです

夕方…
……
ここ…
ぽつり…
どこ…？
そろそろ帰らないと…
そわ…
そわそわ…
買い物も行かなきゃいけないし…
帰らなきゃ…！
ちょっと誰かー！
ここから出してよー!!
こんな状態も
不穏にあたります
ざわ

ここから出してよ！
家に帰るのよ!!
ザワ ザワ…
あ！
落ち着かせないと…！
たたっ
ザワ…
ねえ！誰かー!!
……私も…
うちに帰りたぁい…！
そわ そわ…
そわそわ…
!!
ねぇー!!
だれかー!!
1人が不穏になると
近くにいる人も不穏になることがあります

田中さん
どうされましたか？
うちに帰るのぉお！
びくっ
帰らせてよぉ…
ぐすっ
だれかー！
ぐすっ
かえりたい…
ぐすっ
ちょっとー
かえりたいの
ぐす…
………
バカヤローー!!
なんなんだよ!!
だれかぁー！
静かにしてーー！
た…大変だーー…!!
うぇぇえん…
おばあちゃん泣かないの
ぐすっ

よしよし
大丈夫よー
いつもは穏やかな人も
中山さん！また お世話してる…
しくしく…
つられて不穏になったり…
ぐすっ…
ぐすー
ぐすー
中山さんまで!!
人が多いと
感情や雰囲気が
勝手に広がってしまうようです
みんなを落ち着かせないとー！
でもバタバタしたらそれも不安にさせちゃうし…！
コントロールするのはむずかしいです…

おまけ

不穏のこと
少し補足

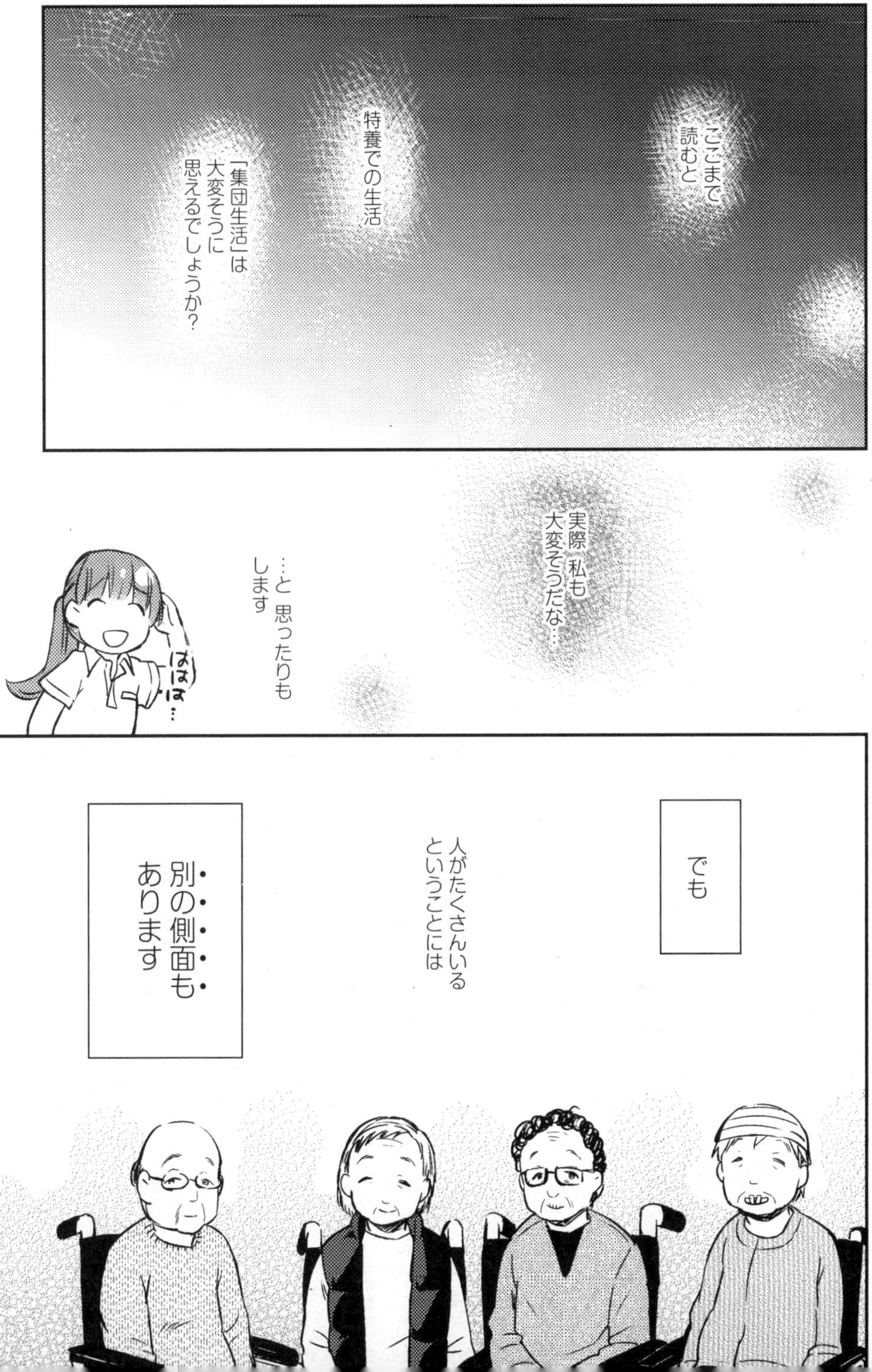
ここまで読むと
特養での生活
「集団生活」は大変そうに思えるでしょうか？
実際 私も大変そうだな…
…と 思ったりもします
ははは…
でも
人がたくさんいるということには
別の側面もあります

きゃっ
きゃっ
おっ
何の話
してるんだろう…
息子も
元気だって
言ってた
そうなのよー
今度は
みんなで
食べたいよね～
やっぱり
みんな元気なのが
一番よね
そうよね
おいしいものね
病気は
こわいからねー
うふふ
……

会話が…
かみ合ってない…!?
うふふ〜
あはは
ふふふ♡
普通に考えると変な状況…
…でも不思議なことに
2人とも楽しそう
会話が成り立つかどうかは
関係ないようです
あ
こっちは何も話してないけど手をつないでる…
ぐふふ…
ぎゅ…っ
相性がいいのかな…

合う相手が見つかるのは
集団生活だからこそだと思います
あの2人いつも一緒にいるなぁ…
気が合う人と楽しく会話したり
一緒の空間にいることで安心したり
不穏の連鎖もありますが
不穏な人が不穏じゃない人たちといることで
落ち着くこともあります
不穏
not 不穏
ほ…
少し空いた時間に歌をうたったり
みんなでテレビを見たり

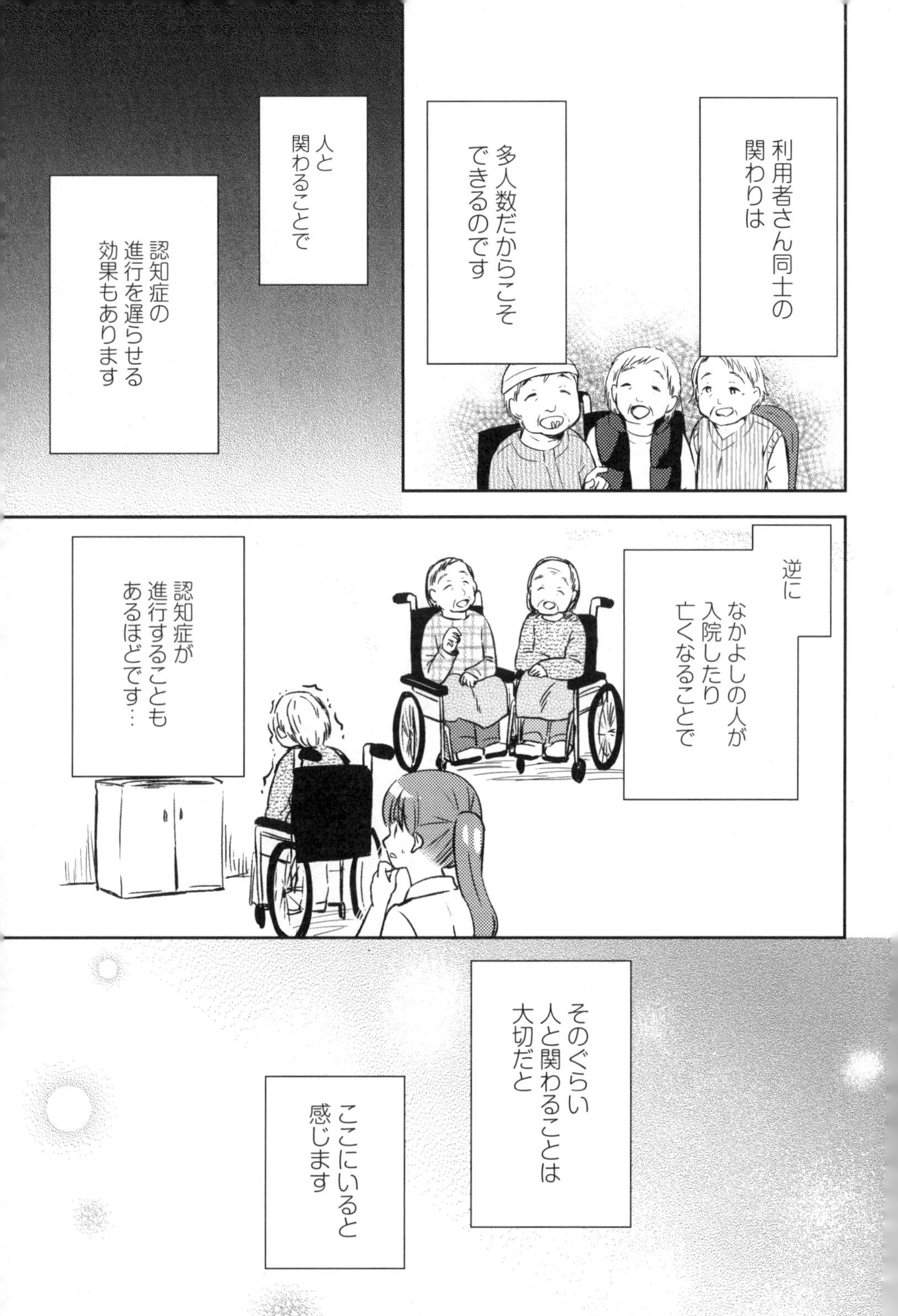
利用者さん同士の関わりは
多人数だからこそできるのです
人と関わることで
認知症の進行を遅らせる効果もあります
逆に
なかよしの人が入院したり亡くなることで
認知症が進行することもあるほどです…
そのぐらい人と関わることは大切だと
ここにいると感じます

人間は
誰かと一緒にいる
ということが
大事なのかも
しれないなぁ
おわり

3章扉絵の裏話

今回は食事や水分を提供する時に使っている**とろみ剤**をテーマに描きました。

とんこの施設にいる利用者さんの中には飲み込むスピードが遅く、さらさらとした飲み物が気管に入ってむせてしまう人がいます。
そういった人にとろみ剤を使うことで水分などを喉へゆっくりと送ることができ、誤嚥を防ぐことができます。
とろみ剤は加熱しなくても短時間でとろみをつけることができるのでとても使いやすいです。
最近ではいろいろなメーカーからとろみ剤が販売されていますが、それぞれ使い方やとろみの付き具合が少しずつ違います。

トロメリンV
溶けやすくダマになりにくいため、簡単にとろみをつけることができる！
つるりんこ Quickly
10～45℃の食品に使用することに適している。2分程度でとろみがつく。
ネオハイトロミールIII
少量でとろみがつく。とろみのつくスピードが速く、お茶の場合約30秒でとろみがつく。においや味を損なわない。
トロミアップ パーフェクト
ダマになりにくい。30秒で簡単にとろみがつく。透明で無味無臭。時間が経ってもとろみが安定している。
とろみ剤は粉状のものと液体状のものがあって、それぞれ入れる量やとろみがつく時間が違うから注意してね！人によって合うとろみの強さは異なるから、どのぐらいがいいのかいろいろ試してみてね！

特養でのある日の1日（中山さん編）

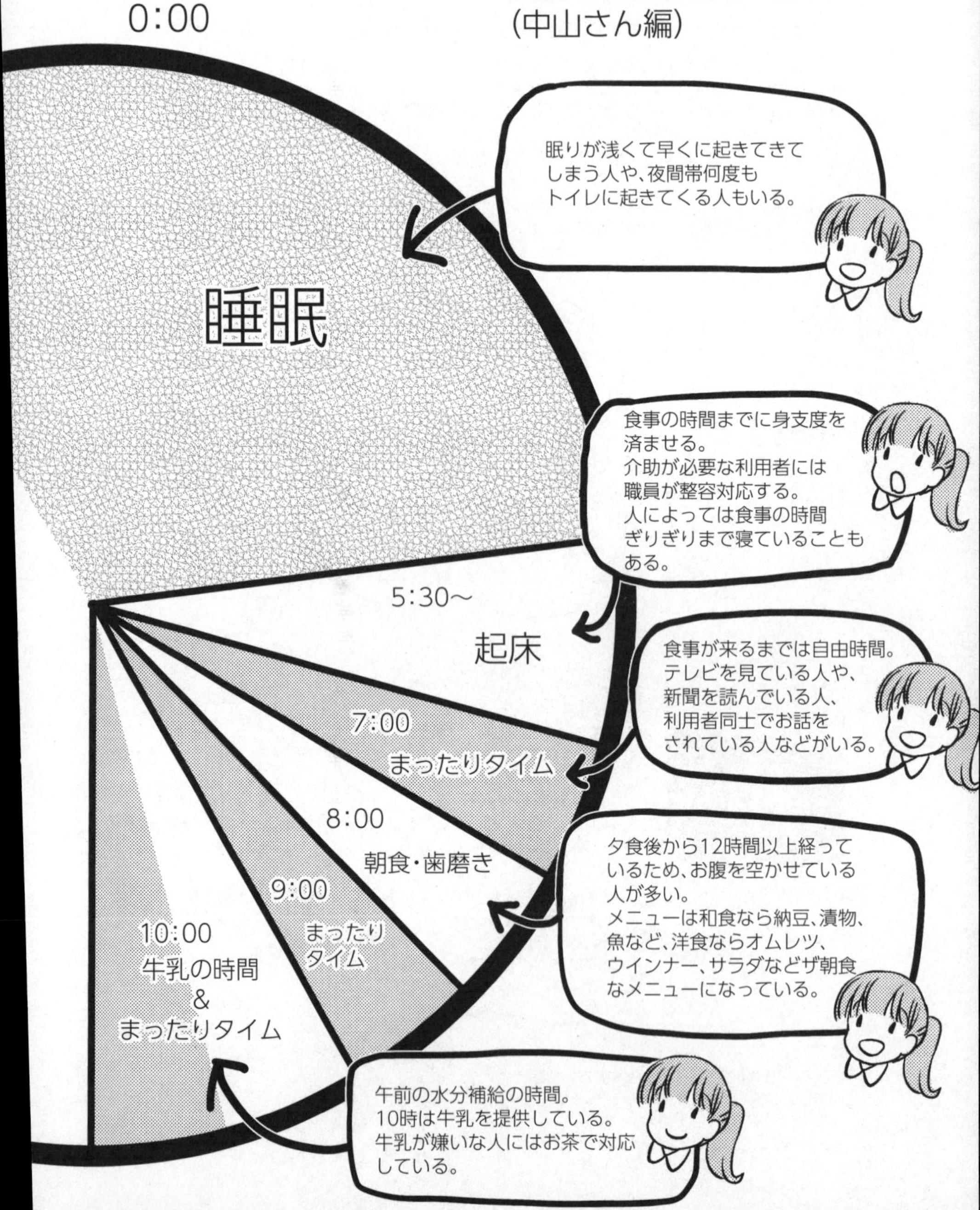
0:00
睡眠
眠りが浅くて早くに起きてきてしまう人や、夜間帯何度もトイレに起きてくる人もいる。
5:30〜
起床
食事の時間までに身支度を済ませる。介助が必要な利用者には職員が整容対応する。人によっては食事の時間ぎりぎりまで寝ていることもある。
7:00
まったりタイム
食事が来るまでは自由時間。テレビを見ている人や、新聞を読んでいる人、利用者同士でお話をされている人などがいる。
8:00
朝食・歯磨き
夕食後から12時間以上経っているため、お腹を空かせている人が多い。メニューは和食なら納豆、漬物、魚など、洋食ならオムレツ、ウインナー、サラダなどザ朝食なメニューになっている。
9:00
まったりタイム
10:00
牛乳の時間
&
まったりタイム
午前の水分補給の時間。10時は牛乳を提供している。牛乳が嫌いな人にはお茶で対応している。

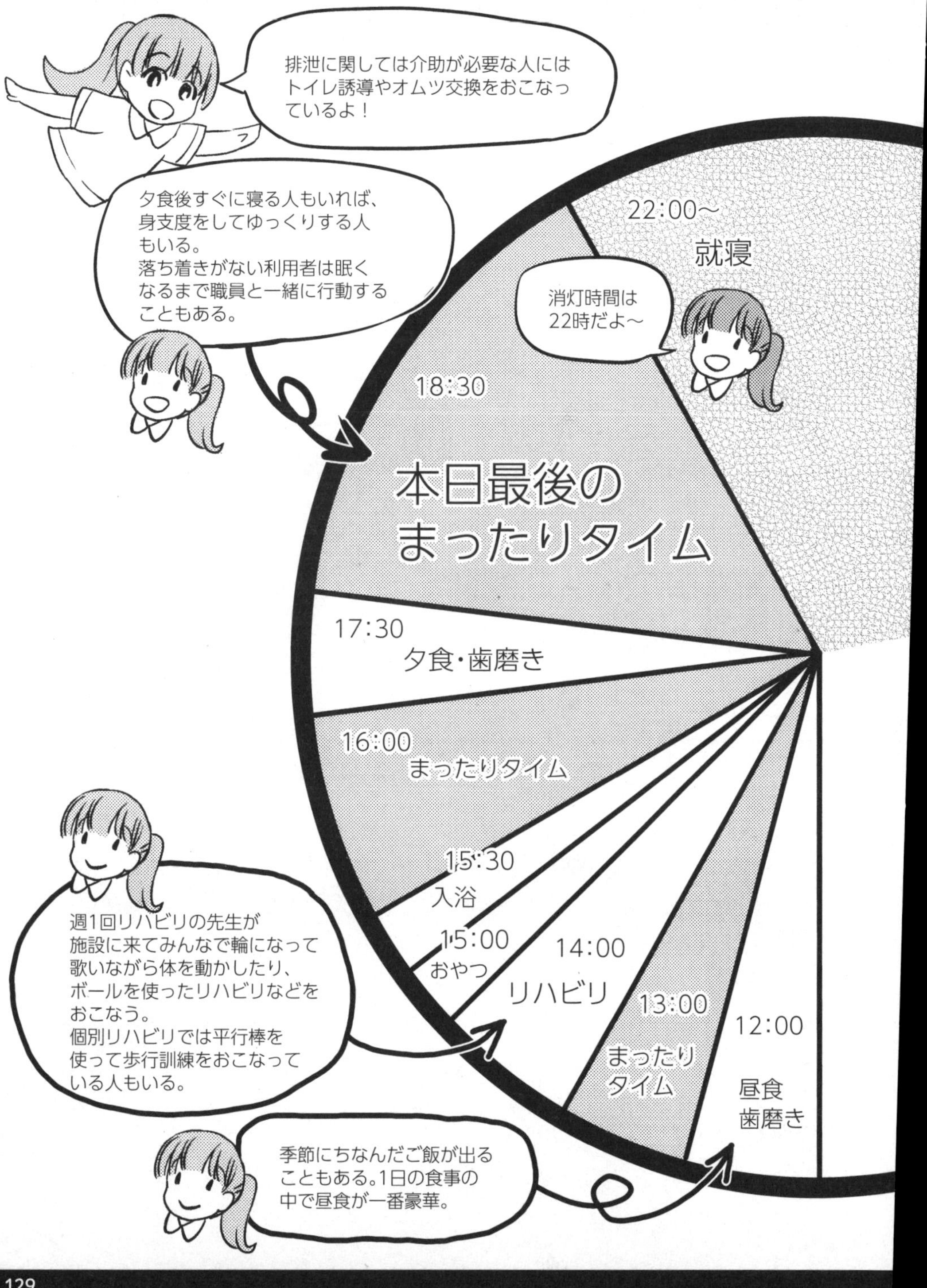
排泄に関しては介助が必要な人にはトイレ誘導やオムツ交換をおこなっているよ！
夕食後すぐに寝る人もいれば、身支度をしてゆっくりする人もいる。
落ち着きがない利用者は眠くなるまで職員と一緒に行動することもある。
22:00～
就寝
消灯時間は22時だよ～
18:30
本日最後のまったりタイム
17:30
夕食・歯磨き
16:00
まったりタイム
15:30
入浴
15:00
おやつ
14:00
リハビリ
13:00
まったりタイム
12:00
昼食
歯磨き
週1回リハビリの先生が施設に来てみんなで輪になって歌いながら体を動かしたり、ボールを使ったリハビリなどをおこなう。
個別リハビリでは平行棒を使って歩行訓練をおこなっている人もいる。
季節にちなんだご飯が出ることもある。1日の食事の中で昼食が一番豪華。

施設のイベントについて

とんこが働く施設では様々なイベントがあり、利用者の楽しみのひとつにもなっています。
イベントによってはご家族も参加できるのでとても盛り上がります。
ここでは年間でおこなわれているイベントをいくつか紹介していきたいと思います。

その他にも…
月に1～2回ある喫茶店や居酒屋
不定期でおこなわれている駄菓子屋、映画鑑賞会
などがあります。
イベントではないですが、リハビリは週に1回、
音楽療法は月に1回、理美容は月に1～2回あります。

焼いも会の話

施設では
季節に合わせて
イベントをおこないます
この前は
焼いも会を
やりました
前日
ぬらしておいた
さつまいもを
利用者さんたちと
いっしょに
アルミホイルに
包んでいきます
入浴中
さっきたくさん
包んだのよ
張りきっちゃった！
焼いも会が
あるんだって？
私
大好きなのよね!!
そうなんですか！
明日
楽しみですね～

※ショートステイ…短期入所者

当日…
外の広場で
落ち葉を集めて
さつまいもを焼きます
焼きあがる少し前に
みんな移動
ぞろぞろ…
まだできないのかよー
焼いもなんていいんだよ
帰る！
全員そろう前に脱落してしまう人もいるけど
帰りましょうか！
風が気持ちいいなー
どんぐりだわー
外気浴もできるのでいい気分転換にもなります
そんなこんなでやっと完成！
じゃあ食べましょうか！
ほか〜
どうぞ…
私いらないわー
おいも好きじゃないのよね
!!

普段のおやつでもさつまいもはよく出るのですが
いらない
食べたくない
こういう人が結構います
理由を聞くと…
昔さんざん食べたから嫌いになっちゃって…
戦時中のこと思い出すし…
おいしくないじゃない
嫌な記憶がよみがえるようです…
チーフ
これ試してみます？
ひょいっ
?
パッ
パッ
パッ
パッ
おいしいわ〜
ほんとね〜
持ってきてよかったー
むしゃ
むしゃ
むしゃ
むしゃ
シナモンをかけたら食べる人続出！
シナモン
シナモンの力…すごい…!!

紫いもの焼いもとか
珍しい!?
焼りんごも作ったり
大人気だった!
楽しい会になりました
むしゃあ…♡
おわり

菖蒲湯

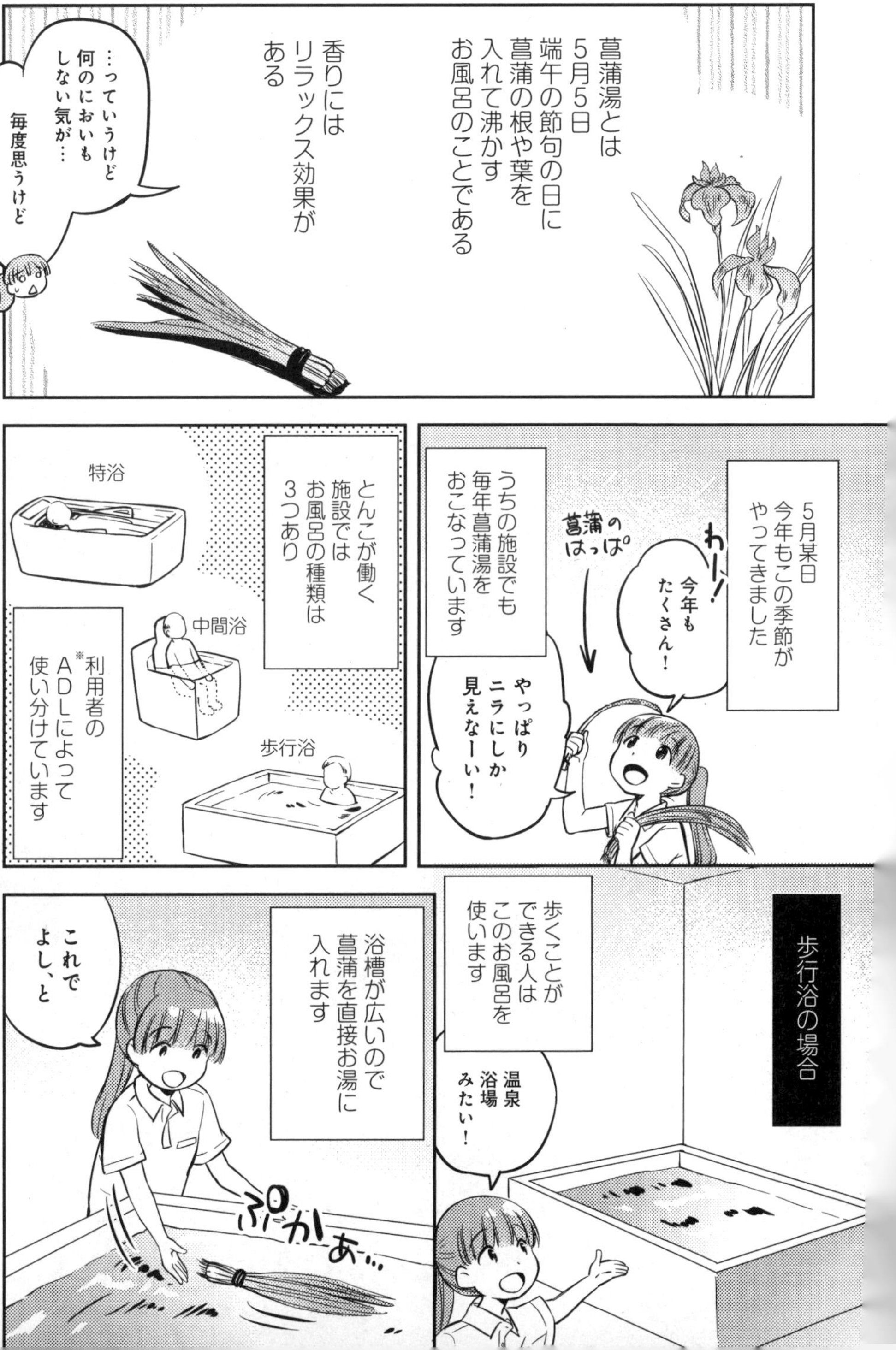

菖蒲湯とは
5月5日
端午の節句の日に
菖蒲の根や葉を
入れて沸かす
お風呂のことである
香りには
リラックス効果が
ある
…っていうけど
何のにおいも
しない気が…
毎度思うけど
5月某日
今年もこの季節が
やってきました
わー!
今年もたくさん!
菖蒲のはっぱ
うちの施設でも
毎年菖蒲湯を
おこなっています
やっぱり
ニラにしか
見えなーい!
とんこが働く
施設では
お風呂の種類は
3つあり
特浴
中間浴
歩行浴
利用者の
※ADLによって
使い分けています
歩行浴の場合
歩くことが
できる人は
このお風呂を
使います
温泉
浴場
みたい!
浴槽が広いので
菖蒲を直接お湯に
入れます
これで
よし、と
ぷかぁ…

※ADL…日常生活動作のこと。
食事・排泄・着替えなど
日常生活の基本的な行動のこと。

あら
今日は菖蒲湯
なのね～
わらわら
わい
わい
いい香りね～
また1年
元気で
いられるわ～
とても
喜ばれます
特浴の場合
寝ながらお湯に
つかるタイプの
お風呂
今日は
菖蒲湯ですよ～
……
大体の人は
無反応
中間浴の場合
イスに座って
いられる人は
このタイプ
上半身は
動かせる人が
多い
○○さん
今日は菖蒲湯
なんですよー
……
しょうぶゆ？
にこにこ
浴槽内が
せまいので
はいどうぞ！
菖蒲ですよ
あらぁ～
利用者さんに
菖蒲を
持ってもらいます
ふぁさ…
他の介助も
しつつ…
数分後…

なんで縦に…!?
シャキーン!
あ、あの…
……これなに？
にこ
にこ
菖蒲湯の反応はさまざまです
まれに
……
じぃ…
ぶんっ!
外に投げすてる人もいます
あ……
おわり

今回は特養にいる利用者さんのお話や、特養ではどんな生活をしているのかなどを描きました。正直まだまだ描き足りないことがたくさんありますが、今回はここまでということで……。
この本を読んで少しでも介護に興味を持っていただけたり、「特養ってこんなところなんだ！」と思っていただけたら嬉しいです。
本編には時々特養で働くとんこの葛藤や思いが出てきます。介護は何が正解なのかわからないことが多いと思います。ですが日々仕事をしていると新しい発見や学びがあり、自分なりのやり方が少しずつ見えてきて、そういうところも楽しかったりします。
また利用者さんからも日々学ばせてもらうことが多く、特に本編に出てくる中山さんのお話では中山さんが次に使う人のことを考えて行動している姿に当時私は本気で感動しました。それからは私も中山さんの真似をして次に使う人のことをもっと考えるようになりました。中山さんのおかげで少しだけ自分が成長できた気がします。

4章 ウイルスとの戦い

冬のある日…
お茶ここに置いときますね
ありがとうねー
どうぞー
笠原さんもどうぞ
あいよ
………
笠原さん？
ぐるんっ
ゔぉえええええ
うわあああ!!
いつなにが起こるかわからない…
それが介護の現場です

これはもしや…
ノロ!?
笠原さん大丈夫ですか!?
げぽ…、
だとしたら急いで他の人から遠ざけなくちゃ…
ハッ
!!
べしゃあ…
突然だけど
ワンポイント!!
ノロウイルスは風邪と違って飛沫感染(空気感染)もするよ!!
吐いたものが乾燥して空中に舞ったものを吸っただけでもアウト!!
ってことは…
きょろきょろ
この周りにいる8人もアウトか…!!
1
2
3
4
5
6
7
8
突然フロアの1/5の人たちを隔離することになりました

:step1:隔離について

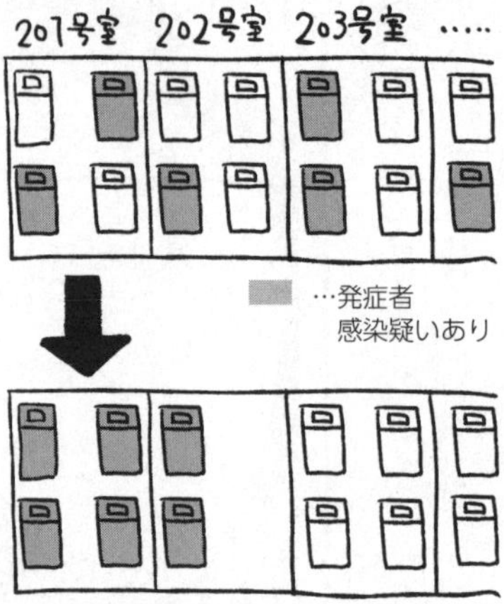
201号室 202号室 203号室 ……
…発症者
感染疑いあり

とんこが働く施設では1つのフロアに
50人弱の利用者(ショートステイも含む)がいて、
その2/3以上は4人部屋で生活しています。
今回のノロウイルスのように隔離になった利用者が
複数いた場合は、他の人にうつさないために
隔離者同士を同じ部屋にまとめます。
一言に「同じ部屋にまとめる」と言いますが、
これがまた大変な作業なのです。

①ご家族に連絡をする(状況説明など)
②部屋割りを決める
③ベッドやタンスをそれぞれの部屋に移動させる
④感染症対策の会議を行う

これら全てを完了させて
いよいよ隔離対応が始まります…

:step2:感染症対策グッズについて

今回ご紹介するのは インフルエンザや ノロウイルスなどの 感染症には欠かせない、 ウイルスから身を守る ことができるアイテム です!
キャップ
臭いと同じようにウイルスも髪に付きやすいので、しっかり身を守るためには欠かせないアイテムの1つ!
マスク・グローブ
これがなくては始まらない代表的なアイテム! 職員は日頃からマスクとグローブは必ずつけて仕事をしています。
袖付きガウン
袖口がリブ素材になっているのでしっかりしている。 手首からウイルスが入ることがないので安心!
シューズカバー
知らないうちに靴の裏にウイルスが付着していることがあるので、 ウイルスを持ち込まない・持ち出さないためにもとても便利なアイテム!

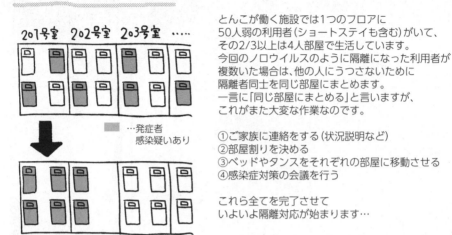

意思疎通が難しい利用者さんだと…
笠原さん具合どうですか？
……
さっき服が汚れてしまったので着替えましょうね
げ゛ええええ〜
わぁ〜っ!!!
サッ
大丈夫ですか!?笠原さん!!
あー！
下からもめっちゃ出てる!!
いろいろ予測不可能

ススス…
さてと…
バッ
バッ
シュッ
次亜塩素酸
シュ
シュッ
キュッ
だっ
バババッ
各部屋を出入りするたびにウェアを新しくします
すべて使い捨て
○○さーん 熱測りましょうか！
ピーピーピーピーピー
PHS
ああー!!
今こっちに入ったばかりなのに…!!
わたわた
また着替えるのかよー
わたわた
他の隔離部屋から呼び出しがあるとかなりテンパる

笠原さんを筆頭にして
しつれいしまーす
ごぽっ
げぇぇっ
そばにいた利用者も次々と同じ症状が出てしまいました
そして 私も……
1週間後……
みんな元気かなぁ
おはようございまー
す…
勤務前
がらーん…
え…
ここにいる人以外みんな隔離ってこと!?
それどころか
勤務表
欠
欠
出
欠
欠
とんこ
出
出
職員も休みばかりじゃねーか!!
ツッコめる身じゃないけど!!
その年はノロの猛威にみんなやられてさんざんでした…
おわり

:step3:隔離になった人の介助

※隔離者の介助は職員間の感染拡大を防ぐため、1～2人(日中・夜間それぞれ)ですべてを行います。

隔離	普段

①食事介助

隔離

居室で少人数を介助する…が体調が悪い人ばかりなので、様子を見ながらゆっくり慎重に行うため、いつも以上に時間がかかる。

普段

食堂で職員1人で4～5人を介助する。

②排泄介助

隔離

1人ずつ汚物をビニールに入れて次亜塩素酸をかけてしばって捨てる。

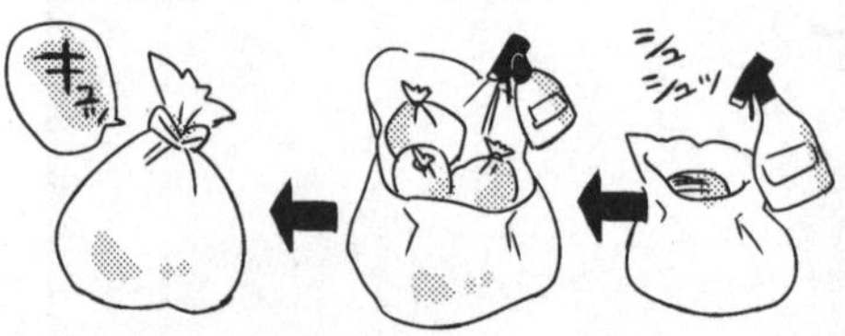

普段

一度に全員のオムツ交換ができる。

③バイタル測定

隔離

隔離者全員の体温・血圧・脈拍・血中酸素濃度を測るため時間がかかる。
※日中・夜間ともに3～4回ずつ。

普段

毎日測っている利用者は少ない(4～5人)
※血圧が高い人や持病がある人以外は特に何もなければ測らない。

1人ずつの介助はかなりの時間がかかります。
本来なら1対1の介助が理想ですが、従来型の特養ではなかなか難しいところ…
普段からギリギリの職員の人数で時間に追われた業務を行っていると、何かあった時すごく大変なんだなと改めて感じました。

ある年の職員宮野さん

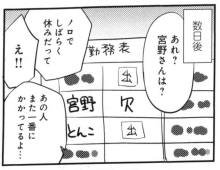

どんなに頑張っても
感染してしまうことも…

この時の高村さん

動くことが好きな人ほど
隔離をするのは大変…

100歳超えの相田さんは…
相田さん お茶 置いておきますね
いつも ありがとうねぇ
あら
あんた そんな半袖で 寒くないのー？
大丈夫ですよ
あら 強いのねぇ
あーあんた 若いもんねぇ！
いやいや そんな！
おしゃべり好きで とっても元気な人です

あるとき 施設内で インフルエンザが 流行り
隔離者一覧
17日まで
相田さん
佐藤さん
15日まで
安田さん
渡辺さん
相田さんも インフルエンザ発症者の そばにいたため 「隔離」になりました
相田さん 具合どうですか？
あ 寝てる… やることないもんなぁ
相田さん 体温 測りましょうね
はいはい
しばらくは普通だったのですが
2日ほど経ったころ…
失礼します お昼ごはんですよー！
あれ？ 相田さん？

お名前は
なんですか？
私は
相田ミネです
あら そうー
はい
とっても
元気です
!!
相田さん!?
相田さん！
トンッ
トンッ
…あぁ
あんた
いたの…
ひとり言を
話す相田さんを
見たのは
初めてでした
その頃から
相田さんは
変わってしまいました
相田さーん…
あら～
楽しいの？
相田さん！
検温しますよ！
そおー
いいわねぇ
あれ？
まだ
起きてたん
ですか？
……
結局相田さんには
発熱などの症状は出ず
「隔離」が解除されました

1日ほど経つと…
もぐ
もぐ
ご飯おいしいわー
よかったですね
よかった… もとに戻ったみたい
しかし少しずつ…
なんで私を帰らせてくれないのよー!
うわぁあああんっっ
少しずつ……
相田ミネのバカ!
このバカ!!
ボカッ
ボカッ
ボカッ
だからおまえはダメなんだよー
!!
だれかー!
ちょっとー!
相田さんどうされましたか!?
だーれーかー!
相田さんと意思疎通が取りにくくなっていきました

そういえば相田さんなんだか一気に認知症が進んだよな～
あれ？いつからだっけ…
たしか……
レクの予定
隔離されてからじゃない？
実はこういうことはよくあります
今まで家にいた人が介護施設に入ったり
介護施設
施設にいた人が入院することで認知症が進むこともあると言われていますが
今までと環境が変わることがストレスになるのかな？
「隔離」という少しの環境のちがいも利用者には大きな影響を与えることになるようです
なるべく声をかけたり工夫してるんだけど…
う～ん…
ウイルスの集団感染の予防を考えると隔離は必要だと思いますが…
なかなか難しい問題です
おわり

マスクのまま

コロナが流行ってから全職員が年中マスクをつけるようになりました
マスクのままお風呂介助…
マスクのまま車いすからベッド間の移乗介助…
結果
く…苦しい…
すぐ息切れしてしまう

最初のころと比べて今はだいぶ慣れました！

意外な差し入れ
コロナ禍が あけて
以前よりも 面会が 自由にできるように なりました
2020年
面会禁止 ← 1階の談話室でのみ面会可能 ← 今は利用者さんがいるフロアの限られたエリアで面会できるよ!
さっきご家族が いらしてましたよね
どうでしたか?
楽しかったわ~
100歳スズキさん
差し入れも 持ってきて くれたのよ
冷蔵庫にあるから ちょっと 持ってきて?
はーい
ガチャ…
冷蔵庫
ドーン
リポリポD
リ…リ●D!?
元気つけて ってこと……!?
100歳
ジュース(甘い系) or 飲むヨーグルトや野菜ジュース(体に良い系)以外の飲み物の差し入れは初めて見ました…

昔、私がまだ新人だったころ…
シャッ
おはようございます岩城さん！
おはよう…
岩城さん！よく眠れましたか～？
今日も朝を迎えられてよかったですね～！
なんでいつもあんなふうに言うんですか？
だって岩城さんは112歳だよ？
もういつなにがあってもおかしくないじゃん？
だから「朝を迎えられる」っていう一見当たり前のようなことも
岩城さんにとっては凄いことだし貴重なことなんだよ～

コロナ禍により
私が働く特養でもイベントごとは中止になり
今年のお花見は中止です
納涼祭も難しいですね
長い期間ご家族の面会をお断りしていました
面会停止のおしらせ
けれどしばらくして面会受付が再開に…
Prrrr…
Prrrr…
はい面会のご希望ですね
いつになさいますか?
案の定面会の予約が殺到しました
バーン
スケジュール表
面会○時 ○○さん
〃 ××さん
×時 △△さん
……
□□さん
今日も面会多いな～!
利用者さん大事にされてるなぁ
談話室
ご家族がお見えですよ
楽しんでくださいね～
良い時間が過ごせたらいいな…
久しぶりだもんね
でも実は…

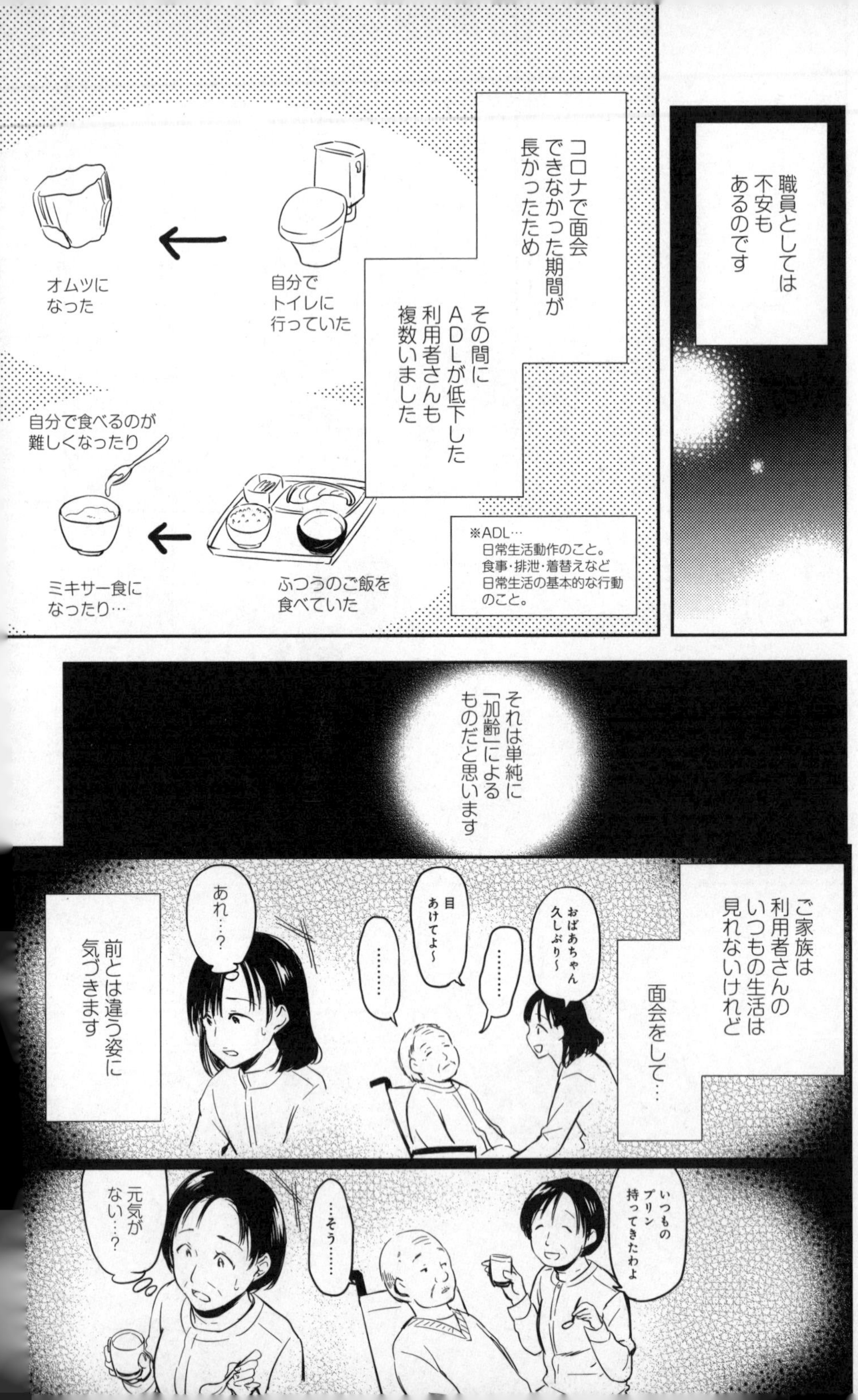
職員としては不安もあるのです
コロナで面会できなかった期間が長かったため
その間にADLが低下した利用者さんも複数いました
自分でトイレに行っていた
オムツになった
ふつうのご飯を食べていた
自分で食べるのが難しくなったり
ミキサー食になったり…
※ADL…日常生活動作のこと。食事・排泄・着替えなど日常生活の基本的な行動のこと。
それは単純に「加齢」によるものだと思います
ご家族は利用者さんのいつもの生活は見れないけれど
面会をして…
おばあちゃん久しぶり～
……
目あけてよ～
……
あれ…?
前とは違う姿に気づきます
いつものプリン持ってきたわよ
…そう……
元気がない…?

施設
○○さんが数日前から体調が悪くて…
わかりました
施設から連絡が届いていても
実際目の当たりにしたら
え…ちょっと前まで元気だったじゃない?
私たちは徐々におとろえている利用者さんを見ていますが
いきなりその姿を見たご家族はどう思うだろう…?
中止になった行事も
また来年やればいっか!
来年は参加できない人も中にはいるかもしれません
利用者さんの1日、1ヶ月、1年はとても貴重だな…
…と最近とても痛感しています…
おわり。

コロナが流行してから変わったポイント!!

コロナ禍を経て、
以前と比べて
施設内のウイルス対策で
いくつか変わった点が
あります。

N95マスク

コロナが流行る前にはほとんど職場で見たことがなかったN95マスク。
いざ使用してみるとさすがだなと思うようなつくりでした。
まずマスクに厚みがあってしっかりしている！
そして絶対にウイルスを入れさせないぞという気持ちが伝わってくるような密着感があり、
ほっぺたの肉がマスクに乗っかるほどの圧が顔面にかかります。
そして…もちろん耳は痛くなるし、とても息苦しいので長時間つけているのはかなりしんどいです…。

フェイスシールド

ウイルスから顔を守ってくれるフェイスシールド。こちらもコロナ前には職場で見かけることがなかったアイテム。
いろいろなタイプがありますが、とんこの職場では絵のようなメガネタイプのものを使用しています。
普段からメガネをかけている職員は装着するのが少し大変そうで、なかなか慣れないと言っていました。
フェイスシールドを使用してみると光が反射しているのか視界がやたらキラキラして介助しにくい部分もありましたが、顔面が守られる安心感は半端なかったです！

廊下にも隔離カーテン

コロナが流行り始めてから廊下にビニールカーテンを設置できるように工事を行いました。
ゾーニングの考え方に則って、感染者がいる場所をレッドゾーンとし、廊下にビニールカーテンをつけてレッドゾーンとグリーンゾーン（ウイルスが存在しない場所）を区別します。
カーテンをつけたことによってレッドゾーンがひと目で分かるようになり、対応もしやすくなったように感じます。またウイルスがグリーンゾーンへいくのを防ぐ効果もあるため安心感があるなと思いました。

………4章扉絵のウラ話………

とんこが持っているものは「次亜塩素酸ナトリウム」というノロウイルスにとても効果的な消毒液です。
消毒といえば普段アルコールを使用する機会が多いと思いますが、次亜塩素酸ナトリウムはアルコールよりも臭いが少し独特でプールのような臭いがします。
汚物にはもちろんのこと、食器などにも使って消毒します。

…………………………

※各エピソードに登場する人物の名前、ビジュアルや時間軸はフェイクが入っているものもありますが、エピソード自体はすべて実際にあったことです。

5章 介護ロボットが私の職場にやってきた

介護福祉士 とんこちゃんの特養生活日誌

遡ること××年前
当時
いろいろな業界で
ロボットが活躍し
介護業界でも
何年も前から
「介護スーツができた」
というニュースが
あったものの
いまだに
スーツの「ス」の字も
ないような環境で
私は働いていた…
わっせ
わっせ
ガラ…
――…が。
ちょっと
いいかしら～

実は今度うちの施設で…
介護ロボットをレンタルすることになりました！
施設長
かいごロボット…⁉
ざわっ
ロボット…
ロボット…!!
もしかして人型のこんなやつ??
ひょいっ
すごー!!
それとも自分が着れるタイプかな!?
いえーいっ!
ムキムキ～ッ

ちなみにこれを買うとしたら80万円するんだって〜
80万!?
ってことはちゃんとしたロボットか!
本気のやつ!!
みんな腰痛いって言ってたでしょ?
さすが施設長!!
楽しみですね〜
すごいのが来るのか…!!!
しばらくして…
例の介護ロボットが届いたわよ〜
で———ん!

移乗介助ができる機械なのよ
歩けない利用者さんが
車椅子⇔ベッド
車椅子⇔トイレの便座など
移乗できるロボット
なんだ人型じゃないのか…
へ〜
──ロボットの使い方──
1
アームに腕をのせる
ベットなど
2
アームが動いて立ち上がり
ウィ〜ン…
3
介助者が手動で車輪を動かして…
4
移動できる！
スイ〜
なるほど!!
便利！
カンタン！
これならカンタンだね！
があれば介助者の腰痛は激減！
すげー!!
あ 佐藤さん 試しに乗ってみます？
楽しそうねぇ

ウィーン…
ぐぐぐ…
おお―――!!
自分で立てなかった人が立ってる!!
せっかくだからちょっと立ちながらお散歩してみましょうか
そうねぇ!
シャーッ
たしかに気持ちいいわね〜
さわやか〜
あはは ははは〜
セ●ウェイみたいじゃん!!
※本来の使い方ではありません

こうして
実際にトイレ介助で
使ってみることに
なりました
…が。
つかめ
ませんか？
うーん
うーん
………
あぁっ！　むずかしい
ですよねっ
へにゃ…
怖い…
まって
怖いわ…
そうですよね
やめましょうか
ロボットに
乗れない人が
多数——…
使ってみて
わかったのは
このロボット…
実は
そう簡単なものでは
なかったのです

問題点1

「介助される人《りようしゃ》」に対して わりと筋力が求められる！

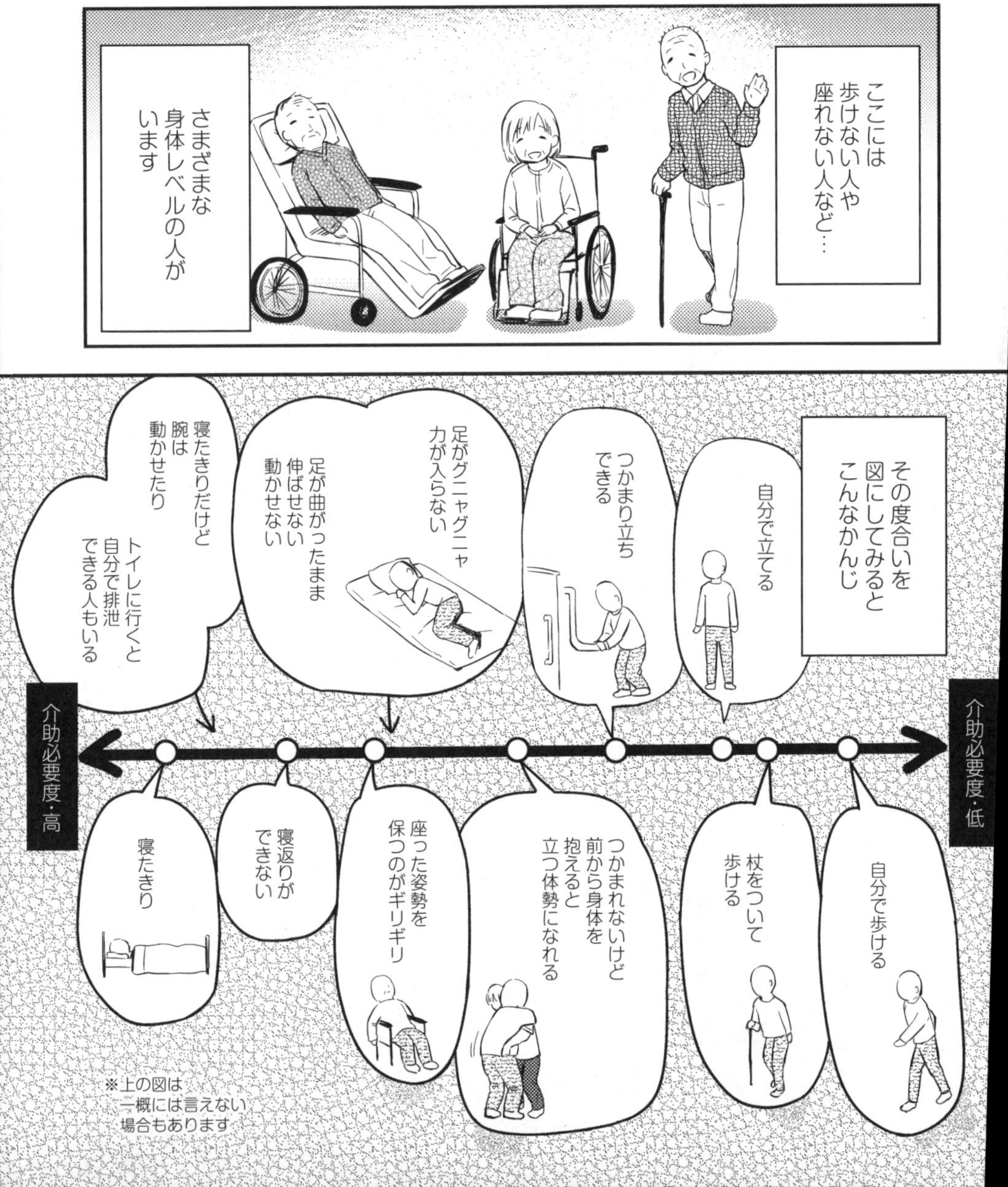

たとえば
歩けないけど
つかまり立ちは
できる人
よろよろ…
こんな人は
ロボが使えます
つまり
「つかまり立ちが
できるほどの
脚力を持っている人」なら
ロボが使えます
よかった〜
しかし
自力で
立てないけれど
介助されて
やっと立てるような
人の場合
立ちますよ〜
ロボに乗る体勢を
維持することは
困難…
大丈夫
ですか？
この人には
向いてないな…
ずるる…

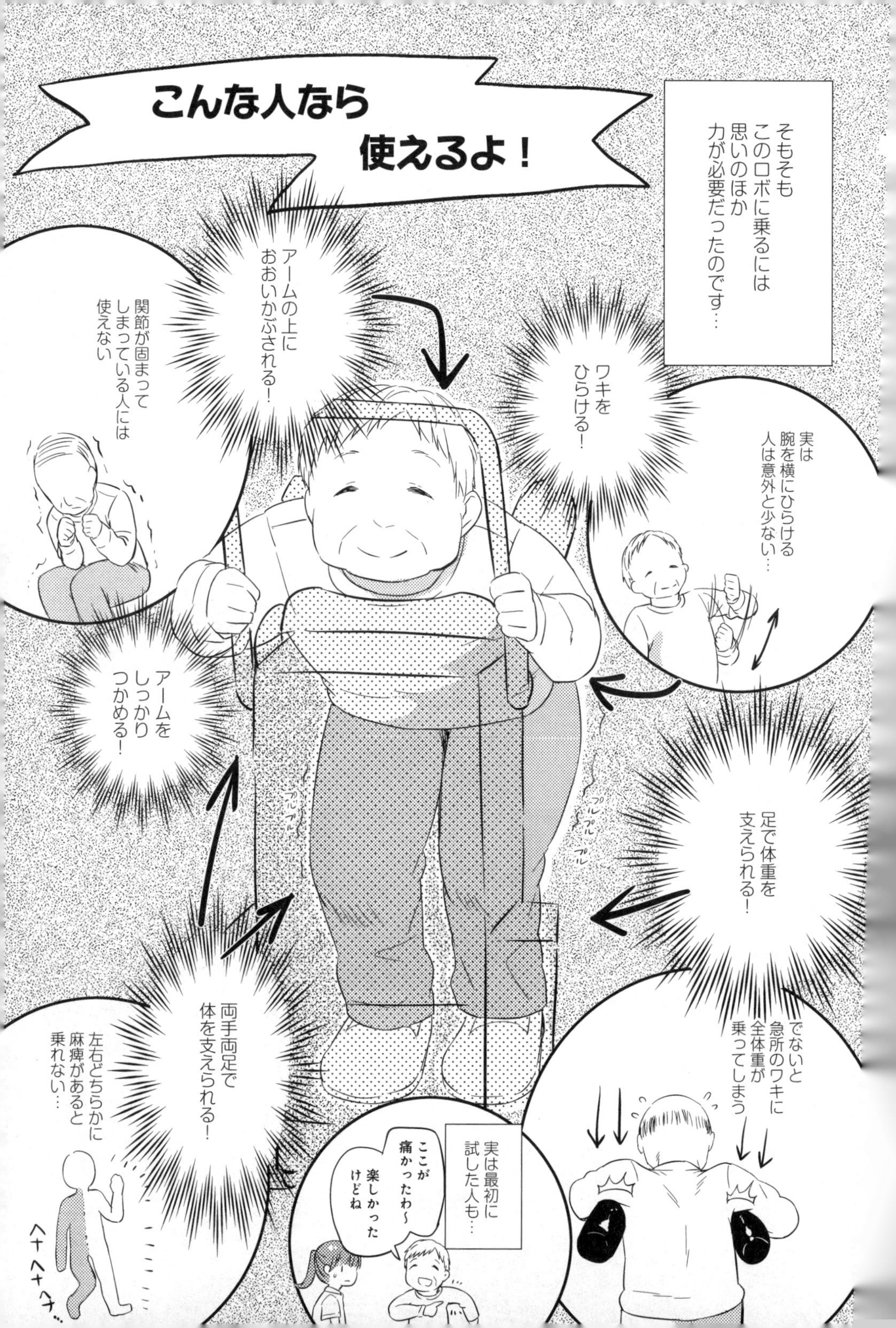
こんな人なら使えるよ！
そもそもこのロボに乗るには思いのほか力が必要だったのです…
アームの上におおいかぶされる！
関節が固まってしまっている人には使えない
ワキをひらける！
実は腕を横にひらける人は意外と少ない…
アームをしっかりつかめる！
プルプル
プルプルプル
足で体重を支えられる！
でないと急所のワキに全体重が乗ってしまう
両手両足で体を支えられる！
左右どちらかに麻痺があると乗れない…
ヘナヘナヘナ…
実は最初に試した人も…
ここが痛かったわ～
楽しかったけどね

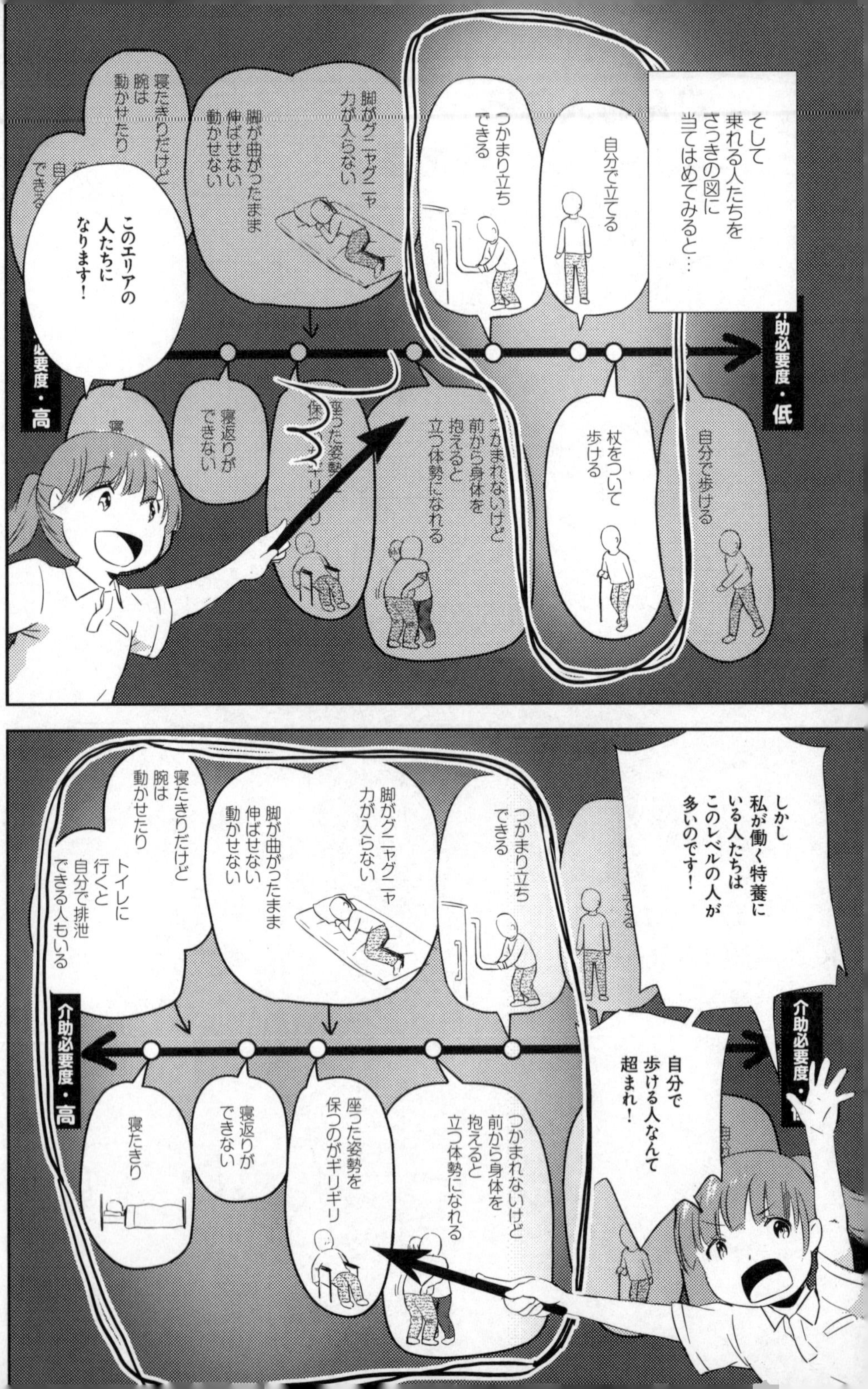

そして来れる人たちをさっきの図に当てはめてみると…
介助必要度・低
自分で歩ける
自分で立てる
杖をついて歩ける
つかまり立ちできる
つかまれないけど前から身体を抱えると立つ体勢になれる
脚がグニャグニャ力が入らない
脚が曲がったまま伸ばせない動かせない
寝返りができない
寝たきりだけど腕は動かせたり
このエリアの人たちになります!
しかし私が働く特養にいる人たちはこのレベルの人が多いのです!
自分で歩ける人なんて超まれ!
つかまり立ちできる
つかまれないけど前から身体を抱えると立つ体勢になれる
脚がグニャグニャ力が入らない
座った姿勢を保つのがギリギリ
脚が曲がったまま伸ばせない動かせない
寝返りができない
寝たきりだけど腕は動かせたりトイレに行くと自分で排泄できる人もいる
寝たきり
介助必要度・高

問題点2

意思疎通が取れる人でないと
乗るのがむずかしい!!

ここはたくさんの認知症の人がいます
認知症の人は環境の変化に敏感です
これからこのロボに乗ってみましょうか
はい…
初めてやる動作に対して自分ができないと…
えっと…えっと…
え…!?
慌ててしまったり…
怒りっぽくなったり…
わかんないのよ!!
もう!!
パニックを起こしてしまったり…
うぁ～～っ
あ～～っ
今までとちょっとでも違うだけで
それに適応することがむずかしいのです
もうやめておきましょうか

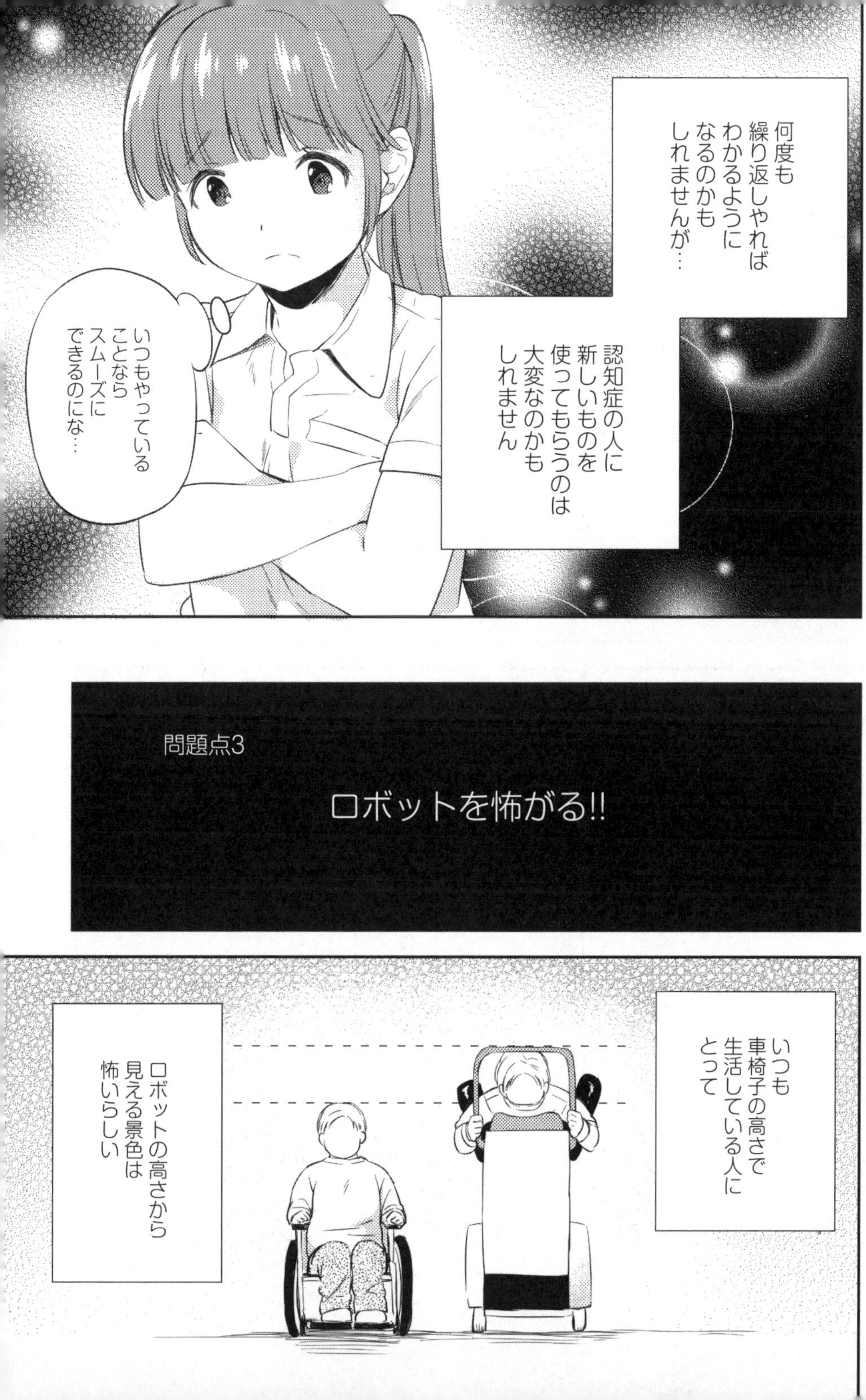
何度も繰り返しやればわかるようになるのかもしれませんが…
認知症の人に新しいものを使ってもらうのは大変なのかもしれません
いつもやっていることならスムーズにできるのにな…
問題点3
ロボットを怖がる!!
いつも車椅子の高さで生活している人にとって
ロボットの高さから見える景色は怖いらしい

上に上げますね～
介護機器なので
ゆっっっっくり
体が上がるように
作られていますが
それもあってか…
ウィ～～ン…
ちょっと
ちょっと
ちょっとなに!?
どこまで上がるの…?
こわい…
不安に思うらしい
やめましょうか
実は普段から
体を抱えられることを
怖がる人もいます
ベッドへ移動しますね
やめてぇ～
いやぁ～～
自分の体が
勝手に動かされるのは
怖いんだろうなぁ
やだぁ～～っ

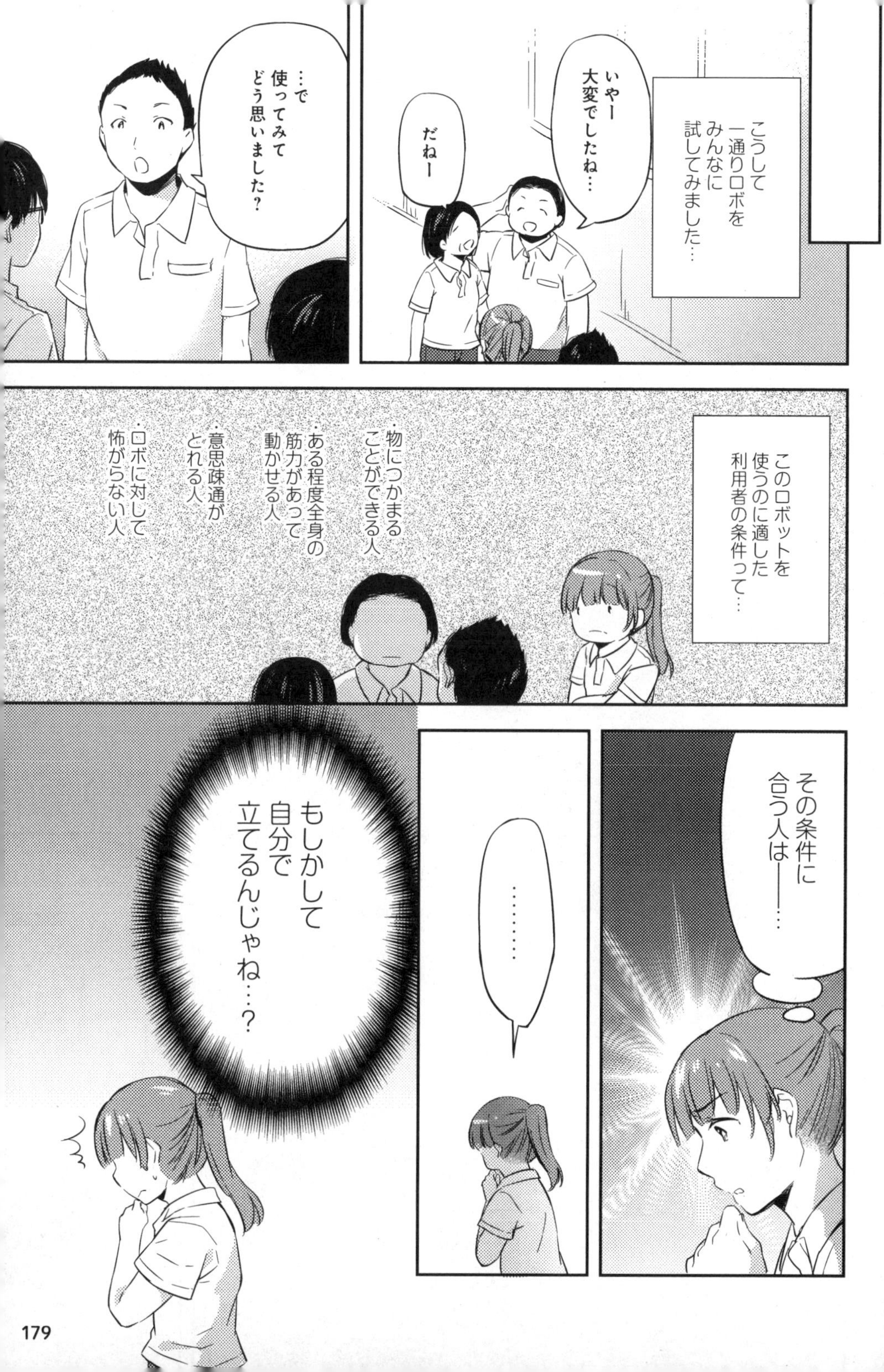
こうして一通りロボをみんなに試してみました…
いやー大変でしたね…
だねー
…で使ってみてどう思いました？
このロボットを使うのに適した利用者の条件って…
・物につかまることができる人
・ある程度全身の筋力があって動かせる人
・意思疎通がとれる人
・ロボに対して怖がらない人
その条件に合う人は――…
………
もしかして自分で立てるんじゃね…？

一人ひとりにさける時間は限られているし
私たちだけで介助しちゃった方が早いんじゃね…？
…!!
私たちの職場では使わなくね？
なんかさー
私たちが抱えた方が早い…？
カンタンだし
体はつかれるけど
うん
ですね
すごいのが来た…!!と沸き立っていた私たちは
だんだんロボを使わなくなり…

別のフロアに送ることになった
もうウチはいいんで使わないんで
え、そうなの!?
他フロアの職員たち
ふー やれやれ…
なんだか忙しかったですね～
ばくばく
本当だよ
なんだか慣れないことしたから疲れたなぁ
あ――…
なるほど…「それ」もあるかもな
え？
俺ら職員も慣れないから時間がかかるし使ってらんないってこと
どうしても今までのやり方になっちゃうんだよな

あー！そうっすね
職員がもっといて時間も十分あればもっと試すゆとりもあるのかもなぁ
……
使いこなせなかったのは私たち職員のせいもあるし
環境が整ってないせいもあるのかな…
あのロボ…操作はカンタンだからもったいないよなぁ…
1対1で付きっきりで介助できるような在宅介護とかなら活躍できるんだろうなぁ
それなりに体力ある人
それじゃ動きますねー
※イメージ
うちの施設にいる人も使える人は何人かいたけど
ほとんどは介護度が高い人が多いからなぁ…
介護度がみんなバラバラだし
1人にさける時間も限られてるし…
むずかしい…
おわり

＊介護ロボットって何？

介護ロボットとは介護を受ける人の補助をしたり、介護をする人の負担を軽減させるためにつくられたロボットです。
介護は体力勝負なところもあるので頼りになるロボットが近くにいたらとてもありがたいと思います。
介護ロボットにはいろいろな種類がありますが、ここではその中の2種類を紹介します。

①介護支援型ロボット

人をらくらくと持ち上げてくれるロボット。
介護士が2人がかりで介助するような利用者でも、このロボットなら1台でOK！

本編でとんこが
最初に想像していた
ロボット！
まさに憧れ！

②着用型ロボット

これ

これを着用するだけで重い荷物や人などを簡単に持ち上げることができるロボットスーツ。
一時期メディアで取り上げられていたので、知っている方も多いと思います。

このように近年魅力的な介護ロボットがたくさん開発されていますが、なかなか自分たちの介護現場にはやって来ないのが現状です。
介護ロボットがいつか職場に来てくれることを夢見ながら、身体(特に腰)をこわさないように頑張りたいと思います！

パワースーツを実際に試してみた！

あとからわかりましたが、腿当ての部分をずらさないと屈みにくいみたいです！

少し前の話になってしまいますが、なんととんこの施設にパワースーツがやってきました！
レンタルというかたちだったので期間限定でしたが試すことができたのがとても嬉しかったです。
ですがここでもまた色々と問題が…笑
なんとパワースーツを試した職員の大半が「これ、なくてもいいよね」という結果になってしまいました…
ちなみにとんこはパワースーツを装着して、いつも使わないような筋肉を使ってしまったせいか疲労感がすごかったです…笑
そしてパワースーツをはずした後の解放感が最高でした！笑
でも使い方によってはかなりのすぐれものだと思います。
見た目もカッコ良かったです！笑

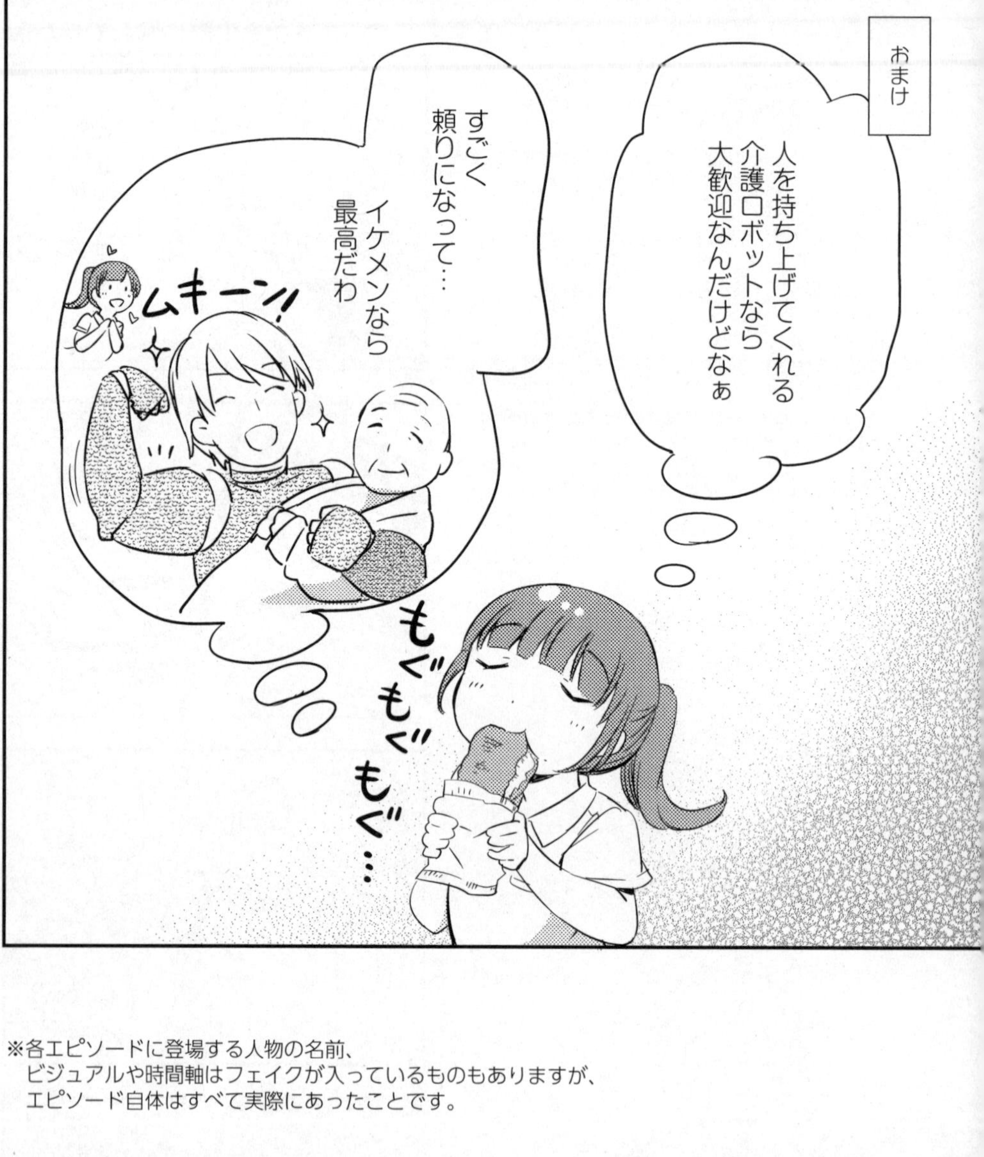

※各エピソードに登場する人物の名前、
ビジュアルや時間軸はフェイクが入っているものもありますが、
エピソード自体はすべて実際にあったことです。

6章 介護士たちが体験した少し不思議な話

介護福祉士とんこちゃんの特養生活日誌

少し不思議な話

介護職として働いていれば1回は不思議な体験をしたことがある…
はず?
今回はそんなお話——…
とんこちゃん聞いた?
「大塚さんの話」!
いえ…
何かあったんですか?
とんこ
佐藤くん
尾田さん
大塚さんは体調を崩して入院…
しかし2週間後入院先で亡くなった方でした
それがね
大塚さんが入院してしばらくしたころ…

ある時職員が
オムツ交換を
してたのよ
わっせ
わっせ
ガラーガラ…
順に
みんなの部屋を
まわって…
ガラガラ
大塚さんがいた
部屋にも
入ったの
失礼しまーす
ガチャ
※4人部屋です
大塚さんのベッドは
もちろん空いてて
入院中でいない
カーテンは
閉まってたのよ
ガララ…
それで
大塚さんのとなりの
ベッドから順に
オムツ交換
しようとしたら
もわん…
大塚さんの
ベッドの方から…

もわぁぁ…ん
お線香の匂いがすごく香ってくるのよ…
くんくん
あれ…？なんでかしら…？
そのことが職員の間で話題になったんだけど…
なんか匂いするよねー
田中さんも気づいた？
誰か焚いたの？
でも誰もお線香持ってきてないのよ？
その数日後に大塚さんが亡くなったのよ…
ええ…!?

そういえば僕も匂いしなかったか聞かれましたよ～
私たちの業界では不思議な体験をしたことがある人が（意外と）います
そうだったの？
もぐ
もぐ
わぁ…めっちゃリアル～
幽霊とか信じない派
それは本物なのかただの勘違いなのかわかりません…
そういえば僕もこの前…
夜勤で他の職員が仮眠中にオムツ交換に行ったんですよ
端の部屋から順に交換してて
さあ あと少しだ！
わっせ
わっせ
廊下に出ると
ガラ…

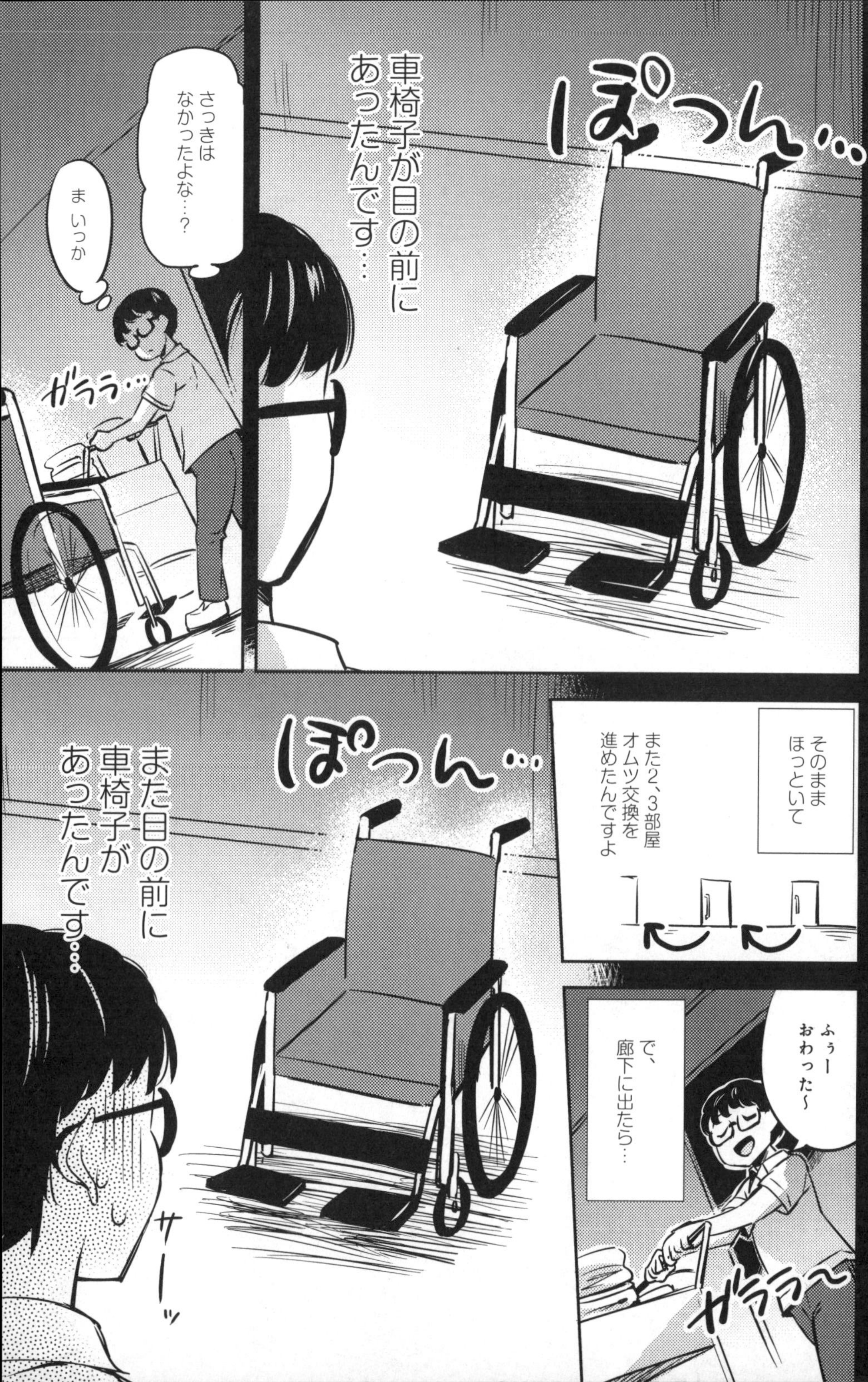

ぽつん…
車椅子が目の前にあったんです…
さっきはなかったよな…？
ま いっか
ガララ…
そのままほっといて
また2、3部屋オムツ交換を進めたんですよ
ふぅー おわった～
で、廊下に出たら…
ガララ～
ぽつん…
また目の前に車椅子があったんです…
サーッ

なんで!? 見間違いじゃないの!?
あらぁ~
ガチなやつですよ!!
廊下に誰もいなかったですし!!
こういうコト前にもあったんスよね…
え゛。
僕 夜勤で仮眠とる時 休憩室だと 眠れないタイプなんですよ
ねれない!!
がばっ
だからいつもお風呂場のベッドで寝てるんスけど
※お風呂場(脱衣所)
そうなんだ~
これ
お風呂から上がった人が着替えるために使うベッド
その日も夜お風呂場で仮眠をとっていたんです
すやぁ…
そしたら…

トゥルルルッ
ぱちっ
がばっ
トゥルルル
トゥルルルル
トゥルルルル
トゥルルルル
急に
内線が鳴ったんですよ
トゥルルルル
え？ え!?
なんでこんな時間に!?
ドッ ドッ
トゥルルル
トゥルルルルッ
ドッ ドッ
カチャッ
はい…
ドッ ドッ ドッ
…………
無言でした…

あれ？待っておかしくない？
そうなんです…
お風呂場から内線をかけることはよくあるじゃないですか
○○さん足の傷の処置お願いしますー
了解！行きます〜
入浴後の利用者のケアをナースにお願いするとき
でも…
お風呂場にかかってくることはないんですよ！
なんで僕がココにいるってわかった!?
ていうかなんの用!?
いつも人がいるわけじゃないから!!
しかも夜中に!!
たしかに…っ
わた
わた
確認なんですけど…
さっきこっちに電話してきました…？
かけてないよ〜
君仮眠中じゃん
で…ですよね…
古い電話機なので発信元はわからずじまいでした…

真っ暗でベル音が鳴るのはビビるわー…
それは…ホンモノっぽいね～
あらぁ…
でしょ!?
とんこちゃんは何かないの？
うーん
佐藤くんの話ほどじゃないですけど…
前に個室の201号室を担当したことがあって…
ピーッ
ピーッ
201
まただ！
ピーッ
ピーッ
ピーッピーッ
だっ
その利用者さんはナースコールで何度も呼ぶような
寂しがり屋な性格の人だったんです
○○さんどうされましたか？
……
201
結局その人はしばらくして亡くなったんですけど…
亡くなった次の日
ピーピーッ
ピーピーッ
ごそごそ
あ
コールだ

ピーピーッ
201
ピーピーッ
え…
201号室!?
なんで!?
だだだだだ
急いで部屋に行くと
しーん
201
ゼーハー
ゼーハー
誰もいなかったんです…
あのっ今201号室からコールがあったんですけど…!
でも誰もいなくて…!!
あらぁ
スタッフルーム
あの人最後の最後にまた押したのかもね!
最後までお騒がせだね〜
あっはっは
……
ま こんな体験くらいしかないですね〜
はは
けっこうな体験っスよ!!

尾田さんはどうですか？
たしか霊感があるって言ってましたよね？
うん あるわよ〜
ちょっと前にも体験したわ〜
え…。
まじかよ
夜勤でね…
もう1人の職員とスタッフルームで書類を作ってたの
ふぅーっ
ふと顔を上げたら…
ふらふら…
少し前に亡くなった利用者さんが廊下にいてね…
え…？
森さん…？
はっ

足がない!!!
ぼやぁ…
にこにこ
ススス…
うわぁ…本物だわー…
スー…
こっちに来てるー!!
ばーーん
……
ねぇ…ちょっとゆっくり後ろを振り返ってみて…?
え?
森さんがそこにいるから…
え!?
くるー…
ドッ ドッ ドッ
ドドッドドッ
ドッ ドッ

にこにこ
……!!
ペコリ…
にこっ
スウ…ッ
……今の、見た……？
み…
見ました…
こくり…
い、いっしょにいた職員も見たんですか!?
ぴ…ー
そうなのよ～森さんったらあいさつに来てくれたのよねぇ
あれはありがとうっていう意味だったと思うわ～
レベチだ……！
私たちとはレベルが違いすぎる……!!
ごくり…

みんないろいろ体験してるもんだなぁ…
とんこちゃーん
どうされましたか？
なんだか眠れなくて…
…そういえば昼間職員と不思議な体験の話をしたんですよ
青木さんは何か体験したことありますか？
そうね…
あるわよ〜
ほら私って何度も入院してるじゃない？
青木さん（102歳）何度も急変して入院しては回復して施設に戻ってくる方です
この前も高熱が出て入院したときずっと意識が戻らなかったみたいで…
そのとき夢を見たのよ…
歩いてたら
目の前に川があったの
サアアアア
キラキラキラ
すごーくきれいでね…
向こうに人がいたのよ

誰かしら…
それが亡くなった夫だったの…！
しかも三角巾つけてるの!!
くいっ
私のこと呼んでるの…？
くいっ
待ってねー今行くから！
ばじゃ
ばじゃ…
きゃっつめたっ
ちょっと待っててねー！
でも 水が冷たすぎて…
進めないじゃない…
うぅ…
ぶる
ぶるぶる…
ぶる

ぱちっ
気づいたら
病院だったのよ…
へー
すごい！
ひさしぶりに
旦那さんに
会えたなんて
ロマンチックですね～
こんな話したら
みんなに笑われると
思うから
あんまり言わないん
だけどね～
そんなこと
ないですよ！
みんな 何かしらの
不思議な体験を
しているみたいです

この章では心霊をテーマにしました！
こういう職業の人はなぜか不思議な体験をしたことがある人が多いということに気づき、いつか本にできたらいいなと思っていました。
実際に職場の人から聞いた話を本にしてみて、私はどの話も不思議な体験だけれどどこかほっこりするような温かい気持ちにもなりました。
もしかしたらこの章の話を嘘くさいなぁと思われる方もいるかもしれません。
でも1つ言えることはすべて実際に起こったこと。
信じるも信じないもあなた次第です。

信じないとんこの場合②

泉さんしかしない咳でしたが…
はたして…

※各エピソードに登場する人物の名前、ビジュアルや時間軸はフェイクが入っているものもありますが、エピソード自体はすべて実際にあったことです。

もし身内の介護をしている読者さんがいたら…

この本を読んで「介護をしていてイライラしないの!?」と思われたり、「すごいねー！　志高そう！」と思われたりする方がいるかもしれませんが…実際仕事としてやっているからできるのかもしれません。
「他人（利用者さん）なのによくそこまでできるね」と言う人もいますが、逆に他人だからこそ楽しく介護ができているのかなと思っています。
もし他人ではなく身内の介護だったら、元気だった時の姿を知っているからこそ今の状態を受け入れられなかったり、もしかしたら感情的になってしまうこともあるかもしれません。そしてもし身内の介護を自宅で行ったら、常に介護をすることになるので休む暇がありません。自分にはとてもできないことなので在宅介護をしている方々を心から尊敬します。でももし日々の介護に疲れてしまったり、心に余裕がないと少しでも感じたら気軽に施設などを頼ってほしいです。介護で困ったことがあったらまずは「地域包括支援センター」に相談してみてください。
1人で抱え込まないことが大事です！

介護福祉士《かいごふくしし》とんこちゃんの特養生活日誌《とくようせいかつにっし》

2025年3月26日　初版発行

著　者　とんこ

アン

発行者　山下直久

発　行　株式会社 KADOKAWA

〒102-8177 東京都千代田区富士見 2-13-3

電話 0570-002-301（ナビダイヤル）

装丁・デザイン　行成公江

印刷・製本　大日本印刷株式会社

初出　本作は、同人誌『とんこちゃんの介護日誌』シリーズを改題、
加筆修正したものです。

●お問い合わせ

https://www.kadokawa.co.jp/（「お問い合わせ」へお進みください）
※内容によっては、お答えできない場合があります。
※サポートは日本国内のみとさせていただきます。
※Japanese text only

定価はカバーに表示してあります。

Printed in Japan
ISBN 978-4-04-684735-5　C0095